Pedro Henríquez Ureña

La cultura y las letras coloniales en Santo Domingo

Créditos

Título original: La cultura y las letras coloniales en Santo Domingo.

© 2023, Red ediciones S. L.

e-mail: info@linkgua.com

Diseño de cubierta: Michel Mallard.

ISBN rústica: 978-84-9816-730-6.
ISBN ebook: 978-84-9953-749-8.

Cualquier forma de reproducción, distribución, comunicación pública o transformación de esta obra solo puede ser realizada con la autorización de sus titulares, salvo excepción prevista por la ley. Diríjase a CEDRO (Centro Español de Derechos Reprográficos, www.cedro.org) si necesita fotocopiar, escanear o hacer copias digitales de algún fragmento de esta obra.

Sumario

Créditos 4

Brevísima presentación 7
    La vida 7

A Américo Lugo 9

I. Introducción 11

II. Colón y su época 17

III. Las universidades 21

IV. Los conventos 27

V. Obispos y arzobispos 35

VI. Religiosos 43

VII. Seglares 51

VIII. Escritores nativos 67
    a) El siglo XVI 67
    b) El siglo XVII 76
    c) El siglo XVIII 80

IX. La emigración 87

X. El fin de la colonia 97

XI. Independencia, cautiverio y resurgimiento 103

Libros a la carta 109

Brevísima presentación

La vida
Pedro Henríquez Ureña (1884-1946). República Dominicana.
Hijo de Francisco Henríquez y Carvajal y de la escritora Salomé Ureña.
Vivió en Cuba, país en que publicó sus primeros textos, luego en México y Francia, donde en 1910 publicó *Horas de estudio*.
 Más tarde ejerció la docencia en los Estados Unidos y Argentina. Allí publicó *El nacimiento de Dionisios* (1916), *En la orilla: mi España* (1922), *La utopía de América* (1925), y *Seis ensayos en busca de nuestra expresión* (1928), entre otras obras.

Este libro traza un minucioso panorama de la tradición literaria de la República Dominicana y muestra su riqueza intelectual con una abundante documentación bibliográfica.

A Américo Lugo

I. Introducción

En toda la América española, el movimiento de independencia y las preocupaciones de la vida nueva hicieron olvidar y desdeñar, durante cien años la existencia colonial, proclamándose una ruptura que solo tuvo realidad en la intención. En el hecho persistían las tradiciones y los hábitos de la colonia, aunque se olvidasen a personas, obras, acontecimientos. Hubo empeño en romper con la cultura de tres siglos: para entrar en el mundo moderno, urgía deshacer el marco medieval que nos cohibía —nuestra época colonial es nuestra Edad Media—; pero acabamos destruyendo hasta la porción útil de nuestra herencia. Hasta en las letras olvidamos el pasado, con ser inofensivo, y ahora solo el esfuerzo penoso lo reconstruye a medias, recogiendo notas dispersas del que fue concierto vivo.[1]

Así en Santo Domingo, la Haití de los aborígenes, la Española de Colón, la Hispaniola de Pedro Mártir. No es mucho cuanto sabemos ahora de su cultura colonial, en otro tiempo famosa en el Mar Caribe. La leyenda local dice que la ciudad de Santo Domingo, capital de la isla, mereció el nombre de Atenas del Nuevo Mundo. Frase muy del gusto español del Renacimiento; pero ¡qué extraña concepción del ideal ateniense: una Atenas militar, en parte, en parte conventual! ¿En qué se fundaba el pomposo título? En la enseñanza universitaria, desde luego; en el saber de los conventos, del Palacio Arzobispal, de la Real Audiencia, después.[2]

---

1   El presente trabajo, cuyo tema es la historia de la cultura literaria en el país de América donde primero se implantó la civilización europea, se enlaza con el que estudia el español que allí se habla. Quienes lean el estudio sobre *El idioma español en Santo Domingo*, que constituye el tomo V de la *Biblioteca de la Dialectología Hispanoamericana*, encontrarán en el presente trabajo sobre la cultura y las letras coloniales muchos datos que ayudan a explicar los caracteres del habla local: el matiz culto y la tendencia conservadora, en la clase dirigente, deben mucho a la actividad de las universidades y a la vida literaria de los siglos XVI, XVII y XVIII.
Parte de los datos contenidos en ese trabajo figuraban ya en mi ensayo *Literatura dominicana*, publicado en la *Revue Hispanique*, de París, 1917, tomo XL; se hizo tirada aparte en folleto y lo reprodujo el *Boletín de la Unión Panamericana*, de Washington, en abril de 1918. Aprovecho ahora, junto con los datos que proceden de extensas investigaciones propias, los que consignó el acucioso historiador Apolinar Tejera (1855-1922) en su obra inconclusa *Literatura dominicana: «comentarios crítico-históricos»* —que se refieren principalmente a los arzobispos de la Sede Primada de las Indias—, Santo Domingo, 1922, y lo que el sabio investigador Emiliano Tejera (1841-1923), ciego ya, dictó al doctor don Federico Henríquez y Carvajal para que me los remitiera.

2   No creo necesario tratar aquí de la cultura artística de los indígenas, tema que he tocado en mi trabajo *Música popular de América*, págs. 177-236 del tomo I de *Conferencias* del colegio Nacional de la Universidad de La Plata, 1930. Como estudio extenso, y el de Sven Loven, *Uber die Wur-zelmi*

Santo Domingo, «cuna de América», único país del Nuevo Mundo habitado por españoles durante los quince años inmediatos al Descubrimiento, es el primero en la implantación de la cultura europea. Fue el primero que tuvo conventos y escuelas (¿1502?); el primero que tuvo sedes episcopales (1503); el primero que tuvo Real Audiencia (1511); el primero a que se concedió derecho a erigir universidades (1538 y 1540). No fue el primero que tuvo imprenta:[3] México (1535) y el Perú (1584) se le adelantaron.[4] Se ignora

---

    der tainischen Kultur, tomo 1, Gotemburgo, 1924: la versión inglesa, corregida y aumentada, ha aparecido en Gotemburgo, 1935 (consúltese el cap. IX).
    En aquel trabajo mío, y en los artículos «Romances en América» (en la revista *Cuba Contemporánea*, de La Habana, noviembre de 1913) y «Poesía popular» (en la revista *Bahoruco*, de Santo Domingo, 14 y 21 de abril de 1934), hablo de las reliquias de poesía popular española que se conservan en la tradición de Santo Domingo. Hago breves referencias a ellas en *La versificación irregular en la poesía castellana*, Madrid, 1920, nueva edición en 1933 (V. págs. 38, 63-64, 310 y 312 de la nueva edición).

3   El dato sobre la aparición de la imprenta en Santo Domingo a principios del siglo XVII lo trae Isaiah Thomas, *History of printing in America*, Worcester, 1810, reimpresa en Albany, 1874. De él lo toma Henri Stein, *Manuel de bibliographie générale*, París 1897: V. pág. 636. En su *Description topographique et politique de la partie espagnole de L'Isle de Saint-Domingue*, Filadelfia, 1796, el escritor martiniqueño Moreau de Saint-Méry, que visitó el país en 1783, menciona la imprenta que existía en la capital a fines del siglo XVIII, destinada a publicaciones oficiales.
    En ella debieron de imprimirse, entre otras cosas, la *Oración fúnebre sobre Colón*, del Arzobispo Portillo, en 1795, y antes, los *Estatutos de la Universidad de Santo Tomás de Aquino*: de ellos conservaba el archivo universitario en 1782 «ciento cinco ejemplares impresos». No quedan ejemplares de aquella edición: una nueva se hizo en Santo Domingo en 1801. En sus *Notas bibliográficas referentes a las primeras producciones de la imprenta en algunas ciudades de la América española*, Santiago de Chile, 1904, José Toribio Medina señala como el impreso más antiguo que conoce de Santo Domingo la *Declaratoria de independencia del pueblo dominicano*, de 1821; pero don Leonidas García Lluberes posee una *Novena a la Virgen de Altagracia*, del Pbro. doctor Pedro de Arán y Morales, de 1800: la describe don Manuel A. Amiama en su libro sobre *El periodismo en la República Dominicana*, Santo Domingo, 1933 (pág. 7). De los años 1800 a 1821 se conocen muchos impresos dominicanos (V. Máximo Coiscou, *Contribución al estudio de la bibliografía de la historia de Santo Domingo*, en la *Revista de Educación*, de Santo Domingo, 1935, núms. 25 y 26: cita quince); hasta se abusaba de la imprenta, con la libertad que dio la Constitución de Cádiz, según dice el doctor José María Morillas en las *Noticias insertas* en el tomo III de la *Historia de Santo Domingo*, de Antonio del Monte y Tejada. Cf., en este trabajo, el capítulo X, *El fin de la colonia*, notas.
    En la parte francesa de la isla, la actual Haití, la imprenta existía desde antes de 1736 (Carlos Manuel Trellez, *Ensayo de bibliografía cubana de los siglos XVII y XVIII*, Matanzas, 1907; reimpresión, La Habana, 1927; y en la edición de 1907 el *Apéndice sobre bibliografía dominicana*, pág. 207).

4   En México es donde se publica, en 1548, el primer libro de escritor nacido en América: el manual de *Doctrina cristiana*, en lengua huasteca, de fray Juan de Guevara, mexicano. Es significativo que el primer libro esté en lengua indígena. El primero de autor americano que se publica en lengua española es el *Tractado de que se deben administrar los sacramentos de la sancta Eucaristía y extremaunctión a los indios de esta Nueva España*, del agustino fray Pedro de Agurto, primer obispo de

cuándo apareció la tipografía en la isla: la versión usual, sin confirmación de documentos, la coloca a principios del siglo XVII; pero solo se conocen impresos del XVIII.

Y hubo de ser Santo Domingo el primer país de América que produjera hombres de letras, si bien los que conocemos no son anteriores a los que produjo México. Dominicanos son, en el siglo XVI, Arce de Quirós, Diego y Juan de Guzmán, Francisco de Liendo, el padre Diego Ramírez, fray Alonso Pacheco, Cristóbal de Llerena, fray Alonso de Espinosa, Francisco Tostado de la Peña, doña Elvira de Mendoza y doña Leonor de Ovando, las más antiguas poetisas del Nuevo Mundo. Había muchos poetas en la colonia, según atestiguan Juan de Castellanos, Méndez Nieto, Tirso de Molina. Desde temprano se escribió, en latín como en español. Y desde temprano se hizo teatro. Gran número de hombres ilustrados residieron allí, particularmente en el siglo XVI: teólogos y juristas, médicos y gramáticos, cronistas y poetas. Entre ellos, dos de los historiadores esenciales de la conquista: Las Casas y Oviedo; dos de los grandes poetas de los siglos de oro: Tirso y Valbuena, uno de los grandes predicadores: fray Alonso de Cabrera; uno de los mejores naturalistas: el padre José de Acosta; escritores estimables como Micael de Carvajal, Alonso de Zorita, Eugenio de Salazar. Hubo escritores de alta calidad, como el arzobispo Carvajal y Rivera, que se nos revelan a medias, en cartas y no en libros. Cuál más, cuál menos, todos escriben —todos los que tienen letras— en la España de entonces: la literatura «es fenómeno verdaderamente colectivo —dice Altamira—, en que participa la mayoría de la nación».

Zibú, México, 1573. El primer libro francamente literario: la traducción que hizo el Inca Garcilaso de la Vega de los *Diálogos de amor*, de León Hebreo, Madrid, 1590. El primer libro en verso: el *Arauco domado*, de Pedro de Oña, Lima, 1596.

Escritores americanos del siglo XVI —cuento los nacidos antes de 1570—: en México, Pedro Gutiérrez de Santa Clara (se le supuso antillano —se dice que su madre era india de las Antillas—, pero él se llama mexicano en el acróstico que acompaña a sus *Guerras civiles del Perú*), Tadeo Niza, fray Agustín Farfán, Juan Suárez de Peralta, Francisco de Terrazas, Fernando de Córdoba Bocanegra, Juan Pérez Ramírez, Antonio de Saavedra Guzmán, Baltasar de Obregón, Baltasar Dorantes de Carranza, fray Agustín Dávila Padilla, Hernando Alvarado Tezozómoc, Diego Muñoz Camargo, Fernando de Alva Ixtilxóchid; en Nueva Granada, Sebastián García, Alonso de Carvajal, Francisco de la Torre Escobar, Santiago Álvarez del Castillo (fray Sebastián de Santa Fe), Hernando de Angulo, Hernando de Ospina, Juan Rodríguez Fresle; en el Perú, el padre Blas Valera, Tito Cusi Yupanqui (Diego de Castro), Felipe Huamán Poma de Ayala, Juan de Santa Cruz Pachacuti Yamqui; en Chile, Pedro de Oña; en el Río de la Plata, Ruy Díaz de Guzmán, probablemente nacido en el Paraguay.

Pero España no trajo solo cultura de letras y de libros: trajo también tesoros de poesía popular en romances y canciones, bailes y juegos, tesoros de sabiduría popular, en el copioso refranero. Y es en Santo Domingo donde se hace carne una de las grandes controversias del mundo moderno, la controversia sobre el derecho de todos los hombres y de todos los pueblos a gozar de libertad: porque España es el primer pueblo conquistador que discute la conquista, como Grecia es el primer pueblo que discute la esclavitud.

La isla conoció días de esplendor vital durante los cincuenta primeros años del dominio español: cuando allí se pensaban proyectos y se organizaban empresas para explorar y conquistar, para poblar y evangelizar.[5] Mientras duró aquel esplendor, se construyeron ciudades, se crearon instituciones de gobierno y de cultura. Ellas sobrevivieron a la despoblación que sobrevino para las Antillas cuando las tierras continentales atrajeron la corriente humana que antes se detenía en aquellas islas: Santo Domingo conservó tradiciones de primacía y de señorío que se mantuvieron largo tiempo en la iglesia, en la administración política y en la enseñanza universitaria. De estas tradiciones, la que duró hasta el siglo XIX fue la de la cultura. Su vigor se prueba en el extraordinario influjo de los dominicanos que emigraron a Cuba después de 1795: Manuel de la Cruz, el historiador de las letras cubanas, los llama civilizadores.

En el orden práctico, la isla nunca gozó de riqueza, y desde 1550 quedó definitivamente arruinada: nunca se había llegado a establecer allí organización económica sólida, nunca se estableció después. Los hábitos señoriles

---

5 En 1570, la isla de Santo Domingo tendría 35.500 habitantes: cálculo de Wilcox, según el trabajo de don Ángel Rosenblat, «El desarrollo de la población indígena de América», en la revista *Tierra Firme*, de Madrid, 1935, I 115-133, II, 117-148 y II, 109-143 (hay tirada aparte en folleto). Pero Cuba apenas tendría entonces unos 17.550 habitantes; Puerto Rico, 11.300; Jamaica, 1.300. Todavía en 1610, a Cuba se le atribuyen (Pezuela), 20.000 habitantes. En 1600, Puerto Rico solo tenía dos pueblos, San Juan y San Germán, con 1.500 vecinos: a cada vecino pueden agregársele cuatro personas, entre familiares y servidumbre. En cambio, Santo Domingo tenía ya en 1503 diecisiete poblaciones (Las Casas, *Historia de las Indias*, libro III, cap. 1). La colonización de Puerto Rico comenzó en 1508; la de Cuba, en 1511; la de Tierra Firme, en 1509.

A veces (por ejemplo, Federico García Godoy, «La literatura dominicana», en la *Revue Hispanique*, de París, 1916, tomo XXXVII) se ha pintado la existencia colonial en Santo Domingo como excepcionalmente pobre. Pero la pobreza fue general en la América española, salvo México y el Perú, hasta principios del siglo XVIII, cuando comienza la prosperidad de Cuba, Nueva Granada, Venezuela y Buenos Aires. No solo en Santo Domingo se recibía el situado de México para pagar los sueldos de los funcionarios públicos: en Cuba también; supongo que igualmente en Puerto Rico.

iban en contra del trabajo libre: desde los comienzos, el europeo aspiró a vivir, como señor, del trabajo servil de los indios y de los negros. Pero los indios se acabaron: los pocos miles que salvó la rebelión de Enriquillo (1519-1533) quedaron libres. Y bien pronto no hubo recursos para traer a nuevos esclavos de África. A la emigración de pobladores hacia México y el Perú, y a la ausencia de fundamento económico de la organización colonial, se sumaban la frecuencia y la violencia de terremotos y ciclones, y, para colmo, los ataques navales extranjeros: los franceses llegaron a apoderarse de la porción occidental de la isla, y en el siglo XVIII se hizo opulenta su colonia de Saint Domingue, independiente después bajo el nombre de República de Haití; la riqueza ostentosa del occidente francés contrastaba con la orgullosa pobreza del oriente español.

La ciudad de Santo Domingo del Puerto, fundada en 1496, se quedó siempre pequeña, aun para los tiempos; inferior a México y a Lima; pero en el Mar Caribe fue durante dos siglos la única con estilo de capital, mientras las soledades de Jamaica o de Curazao, y hasta de Puerto Rico y Venezuela, desalentaban a moradores hechos a cultura y vida social, como Oviedo, el obispo Bastidas, Lázaro Bejarano, Bernardo de Valbuena. Los estudiantes universitarios acudían allí de todas las islas y de la tierra firme de Venezuela y Colombia. La cultura alcanzaba aún a los indios: Juan de Castellanos describe al cacique Enriquillo, el gran rebelde, a quien educaron los frailes de San Francisco en su convento de la Verapaz, como «gentil lector, buen escribano».

Era, la ciudad, de noble arquitectura, de calles bien trazadas. Tuvo conatos de corte bajo el gobierno de Diego Colón, el virrey almirante (1509-1523), a quien acompañaba su mujer doña María de Toledo, emparentada con la familia real. Allí se avecindaron representantes de poderosas familias castellanas, con «blasones de Mendozas, Manriques y Guzmanes». En 1520, Alessandro Geraldini, el obispo humanista, se asombra del lujo y la cultura en la población escasa. Con el tiempo, todo se redujo, todo se empobreció; hasta las instituciones de cultura padecieron; pero la tradición persistió.

II. Colón y su época

No es fantasía afirmar que en la isla se comenzó a escribir desde su descubrimiento.[6] El diario de Colón, que conservamos extractado por fray Bartolomé de las Casas, contiene las páginas con que tenemos derecho de abrir nuestra historia literaria, el elogio de nuestra isla, que, unido a la descripción del conjunto de las Antillas, creará para Europa la imagen de América: «Es tierra toda muy alta... Por la tierra dentro muy grandes valles, y campiñas, y montañas altísimas, todo a semejanza de Castilla... Un río no muy grande... viene por unas vegas y campiñas, que era maravilla ver su hermosura...» (7 de diciembre de 1492).

«La Isla Española... es la más hermosa cosa del mundo...» (11 de diciembre).

«Estaban todos los árboles verdes y llenos de fruta, y las yervas todas floridas y muy altas, los caminos muy anchos y buenos; los ayres eran como en abril en Castilla; cantava el ruyseñor...

Era la mayor dulçura del mundo. Las noches cantavan algunos paraxitos suavemente, los grillos y ranas se oían muchas...» (13 de diciembre).

«Y los árboles de allí..., eran tan viciosos, que las hojas dexavan de ser verdes, y eran prietas de verdura. Esa cosa de maravilla ver aquellos valles, y los ríos, y buenas aguas, y las tierras para pan, para ganados de toda suerte..., para güertas y para todas las cosas del mundo quíel hombre sepa pedir...» (16 de diciembre).

---

[6] Sobre las primeras ediciones de escritos de Colón, desde la carta a Luis de Santángel, escrita en las Islas Canarias, febrero de 1493, con postdata de Lisboa en marzo, y publicada dentro del año, consúltese José Toribio Medina, *Biblioteca hispano-americana*, tomo 1, Santiago de Chile, 1898, págs. 1-28, 30-31, 48-49, 136-137, donde también se hace referencia a las reimpresiones modernas, y la *Bibliografía colombina*, Madrid, 1892. Entre las más completas ediciones modernas de escritos de Colón señalaré la *Raccolta di documenti e studi pubblicati dalla R. Commissione Colombiana...*, Roma, 1892: digna de atención, la edición crítica del diario del primer viaje. Son fácilmente accesibles las *Relaciones y cartas* publicadas en la *Biblioteca Clásica*, de Madrid, 1892; pero ofrecen textos inseguros y no separan los auténticos de los dudosos.
Sobre Colón como escritor, consúltense Alexander von Humboldt, *Examen critique sur l'histoire de la géographie du Nouveau Continent*, capítulos I y IX de la sección sobre Colón (hay traducción española bajo el título *Cristóbal Colón y el descubrimiento de América*, dos vols., Madrid, 1892); Marcelino Menéndez y Pelayo, *De los historiadores de Colón* (1892), en el tomo II de sus *Estudios de crítica literaria*; Carlos Pereyra, *Historia de la América española*, ocho vols., Madrid, 1920-1926, tomo 1, págs. 71-96 en contraste con las rudas censuras que hace al carácter del Descubridor, encomia sus dones expresivos. Hablo de Colón como paisajista en mi artículo «Paisajes y retratos», en *La Nación*, de Buenos Aires, 31 de mayo de 1936.

«En toda esta comarca ay montañas altíssimas que parecen llegar al cielo..., y todas son verdes, llenas de arboledas, que es una cosa de maravilla. Entremedias díellas ay vegas muy graciosas...» (21 de diciembre).

«En el mundo creo no ay mejor gente ni mejor tierra. Ellos aman a sus próximos como a sí mismos, y tienen una habla la más dulce del mundo, y mansa, y siempre con risa...» (25 de diciembre).

En la carta a Santángel y Sánchez, de 15 de febrero a 4 de marzo de 1493, repite, con variantes y ampliaciones, la descripción del 16 de diciembre: «La Española es maravilla; las sierras, y las montañas, y las vegas, y las campiñas, y las tierras tan fermosas y gruessas para plantar y sembrar, para criar ganados de todas suertes, para hedeficios de villas y lugares...»

Acompañó a Colón, en sus dos primeros viajes, el gran piloto y cartógrafo Juan de la Cosa (m. 1510). En el viaje segundo (1493) lo acompañaron el médico sevillano Diego Álvarez Chanca,[7] primer observador y descriptor de la flora, del te de la Santa Sede en América, y el jerónimo fray Bernardo Boil,[8] monje entonces de la Orden de los ermitaños de San Francisco de Paula, benedictino después, primer representante de la Santa Sede en América, y

---

[7] El doctor Diego Álvarez Chanca describió animales y plantas de Santo Domingo en la carta al Cabildo de Sevilla, a fines de 1493; figura en la Colección de los viajes y descubrimientos que hicieron por mar los españoles desde fines del siglo XV..., coordinada por Martín Fernández de Navarrete, tomo I Madrid, 1825, págs. 198-224; en la segunda edición, tomo I, Madrid, 1858, págs. 347-372; y en la *Historia de Santo Domingo*, de Antonio del Monte y Tejada (V. infra). Su contemporáneo el padre Andrés Bernáldez, cura de Los Palacios, la utilizó para su *Historia de los Reyes Católicos*, como, según parece, utilizó manuscritos y datos de Colón (primera edición, Granada, 1856; reimpresiones, Sevilla, 1869-1870 y Madrid, 1878, en el tomo LXX de la *Biblioteca de Autores Españoles*. La comentan Miguel Colmeiro, *Primeras noticias acerca de la vegetación americana*, Madrid, 1892; Antonio Hernández Morejón, *Historia bibliográfica de la medicina española*, tomo II, pág. 202 y siguientes; José Toribio Medina, *Biblioteca hispano-americana*, I, 74-75, con indicaciones bibliográficas. No hay referencias a América en los dos tratados que Chanca publicó en Sevilla, 1506 y 1514.

[8] El padre Boil (c. 1445-c. 1520, según los datos de Caresmar que menciona el padre Fita) había publicado, antes de venir a América, una traducción del tratado *De religione*, del Abad Isaac, 1469, en castellano lleno de aragonesismos. Dejó escritos menores. Sobre su viaje a Santo Domingo solo sabemos que haya escrito una carta a los Reyes Católicos, en enero de 1494. Describe el viaje Honorius Philoponus en su libro *Noua typis transacta nauigatio Noui Orbis Indiae Occidentalis...*, Munich, 1621; sobre él hay estudios del historiador chileno Diego Barros Arana, *El libro más disparatado que existe sobre la historia del Descubrimiento de América*, en sus *Obras completas*, VI, 18-33.
Consúltese, sobre Boil, José Toribio Medina, *Biblioteca hispano-americana*, 1, 75, donde indica bibliografía sobre él, y los trabajos del padre Fidel Fita en el *Boletín Histórico*, de Madrid, 1891, XIX, 173-237. No conozco el libro de don Carlos Martí, fray Bernardo Bou, La Habana, 1932.

el jerónimo fray Román Pane,[9] autor de las primeras noticias sobre las costumbres religiosas y artísticas de nuestros indios.

En el cuarto y último viaje del Descubridor (1502) vino con él su ilustre hijo Fernando Colón (1488-1539): era entonces adolescente el que después sería caballero típico del Renacimiento y «patriarca de los bibliófilos modernos». Cuando su hermano Diego vino a hacerse cargo del gobierno de las Indias como virrey almirante (1509), estuvo con él dos meses en Santo Domingo e hizo, según parece, el proyecto de organización de la Real Audiencia. De sus escritos —escribía tanto en prosa como en verso—, el único que se refiere a la isla es la discutida biografía de su padre, que ni siquiera se conoce en su forma española originaria, sino en la versión italiana de Alfonso de Ulloa.[10]

---

9   La Escritura de fray Román Pane sobre los indios figura como apéndice al capítulo LXI en la historia del Almirante don Cristóbal Colón escrita por su hijo Fernando. «Fue el primer europeo de quien particularmente se sabe que habló una lengua de América», dice el Conde la Viñaza (Investigación histórica: la ciencia española y la filología comparada, en la *Revista de las Españas*, de Madrid, diciembre de 1932). La lengua que habló Pane no fue el taíno, general en la isla, sino la del Macorix de abajo; y Las Casas, *Apologética historia de las Indias*, cap. CXX.

10   La obra de Fernando Colón se publicó con el título de *Historie del S.D. Fernando Colombo: nelle quali s'ha particolare, & vera relatione della vita, & de' fatti dell'Ammiraglio D. Christoforo Colombo, suo padre: et dello scoprimento, ch'egli fece dell'Indie Occidentali, dette Mondo Nuovo, hora possedute dal Sereniss. Re catolico: Nuovamente di lingua Spagnnola tradotte nell'Italiana del S. Alfonso Ulloa*, Venecia, 1571. Reimpresiones: Milán, 1614; Venecia, 1618, 1672, 1676, 1678, 1685, 1707. Traducciones: al francés, por C. Cotolendy, París, 1881; al español, por Andrés González de Barcia, Madrid, 1749; reimpresión en dos vols., Madrid, 1892 (Colección de libros raros o curiosos, que tratan de América, V y VI), y nuevamente, en dos vols., con prólogo de Manuel Serrano y Sanz, Madrid, 1932.

Según Henry Harrisse (*Fernando Colón, historiador de su padre*, por el autor de la «Bibliotheca Americana Vetustissima», Sevilla, 1871, y *Ferdinand Colomb, sa vie, ses oeuvres*, París, 1872), el libro es una superchería.

Fernando Colón no ha dejado anotación ninguna sobre él. ¿Podría ser, como pensó Gallardo, arreglo de la desaparecida biografía que escribió el gran humanista Hernán Pérez de Oliva, sobre la cual sí dejó anotaciones el hijo de Colón en los catálogos de su biblioteca? Resumiendo la cuestión de modo magistral, como siempre, Marcelino Menéndez y Pelayo dice en su estudio *De los historiadores de Colón*: «El don Fernando que se dice autor de las *Historie principia* por no saber a punto fijo dónde nació su padre y apunta hasta cinco opiniones; cuenta sobre su llegada a Portugal fábulas anacrónicas e imposibles, y finalmente hasta manifiesta ignorar el sitio donde yacen sus restos, puesto que los da por enterrados en la Iglesia Mayor de Sevilla, donde no estuvieron jamás. «Todos estos argumentos, unidos al silencio de los contemporáneos..., parecían de gran fuerza; pero de pronto vino a quitársela el conocimiento pleno de la *Historia de las Indias*, de fray Bartolomé de las Casas, donde no solo se encuentran capítulos sustancialmente idénticos a los de las *Historie*..., sino que se invoca explícitamente el testimonio de don Fernando Colón en su *Historia*... No hay duda, pues, que fray Bartolomé de las Casas disfrutó un manuscrito de la biografía de Cristóbal Colón por su hijo...» En la discusión contra Harrisse intervinieron principalmente M. d'Avezac y Próspero Peragallo.

Fluyó sobre Santo Domingo, desde los tiempos de Colón, y después durante muchos años, toda la inundación de la conquista, los descubridores, los exploradores, los futuros grandes capitanes, Alonso de Hojeda, Juan Ponce de León, Rodrigo de Bastidas, Francisco de Garay, Diego Velázquez, Juan de Grijalva, Hernán Cortés, Pedro de Alvarado, Vasco Núñez de Balboa, Pánfilo de Narváez, Álvar Núñez Cabeza de Vaca, Francisco Pizarro, Pedro Menéndez de Avilés... Y los evangelizadores, los maestros; bien pronto, los prelados y sus familiares, los hombres de ley, los hombres de letras. Y las damas cultas de la corte de doña María de Toledo, y las religiosas aficionadas a escribir.[11]

La discusión se ha renovado en este siglo, afectando tanto a Fernando Colón como a Las Casas. La bibliografía del asunto es extensa: está mencionada en la revista *Tierra Firme*, de Madrid, 1936, I, 47-71. Baste indicar que, como en la ocasión anterior, la opinión de los principales investigadores mantiene a Fernando Colón en posesión de estado de autor del libro.

No sé si se conserva la carta geográfica del Nuevo Mundo que le encargaron los reyes en 1526 (*Colección de documentos inéditos relativos al descubrimiento, conquista y colonización de las posesiones españolas en América y Oceanía*, sacados en su mayor parte del Real Archivo de Indias, XXXII, 512-513). Hay dos cartas suyas de 1524 sobre cuestiones de América en el tomo XL de la Colección, págs. 160-174.

[11] El distinguido investigador fray Cipriano de Utrera, en su artículo «Los primeros libros escritos en la Española», publicado en la revista *Panfilia*, de Santo Domingo, 15 de mayo de 1924, menciona las siguientes obras: el *Diario* de Colón (1492-1493); la *Escritura* del padre Pane (c. 1494); la *Doctrina cristiana* para indios, de fray Pedro de Córdoba (m. 1521); el *Itinerarium* del obispo Geraldini, terminado en 1522; la *Apologética historia de las Indias*, del padre Las Casas, comenzada en el Convento Dominico de Puerto Plata en 1527; la larga carta del padre Las Casas al Consejo de Indias, sobre los indígenas, terminada en Puerto Plata en enero de 1531; la *Historia general y natural de las Indias*, de Oviedo, que se comenzó a publicar, inconclusa, en 1535. Deberán agregarse, por lo menos, la carta descriptiva del doctor Chanca, de 1493, y el *Sumario de la natural y general historia de las Indias*, de Oviedo, publicado en 1526.

III. Las universidades[12] [13]

Los primeros maestros, en la isla, fueron los frailes de la Orden de San Francisco,[14] poco después de 1502; en su convento de la ciudad capital, que comenzó dando enseñanza rudimentaria a los niños, se llegó hasta la enseñanza superior: todavía en el siglo XVIII, el arzobispo Álvarez de Abreu informa que allí «se lee (i., e., se enseña) filosofía y teología».

A los franciscanos les siguieron los frailes de la Orden de Santo Domingo, quizá desde 1510. Después, los frailes de la Orden de la Merced. Antes de 1530, además, organizó una escuela pública el insigne obispo Ramírez de Fuenleal.

Los dominicos tuvieron desde temprano alumnos seglares, junto a los aspirantes al estado religioso, y procuraron elevar su colegio a la categoría

---

12   Las Universidades de Santo Domingo son las primeras de América: la de Santo Tomás de Aquino existía como colegio conventual, que con la bula de 1538 adquiere categoría universitaria; la de Santiago de la Paz, autorizada desde 1540, tuvo como base otro colegio ya existente y en 1547 poseía ya edificio propio.
La Universidad de México y la de Lima fueron autorizadas en 1551. En Quito, la de San Fulgencio, de agustinos, obtuvo bula en 1586; pero la definitiva fue la jesuítica de San Gregorio Magno. En Bogotá, la Xaveriana, seminario de jesuitas, estaba organizada en 1592; pero la que obtuvo categoría de Real y Pontificia, la dominica de Santo Tomás, fue autorizada, según parece, en 1621. La del Zuzco, en 1598.
Del siglo XVII son las de Córdoba en la Argentina (la jesuítica de San Ignacio, en 1664, no en 1614; después se le llamó de la Purísima Concepción; en 1767 pasó a manos de los franciscanos: V. Luis Aznar, La Universidad de Córdoba bajo la dirección de los regulares, en el Boletín de la Universidad de La Plata, 1934, XVIII, 261-303; allí anota la breve existencia de una universidad rival, la dominica de Santo Tomás 1700-1702. Charcas en el Alto Perú, jesuítica, autorizada en 1624, y Guatemala, la de San Carlos, autorizada en 1676).
Del siglo XVIII, las de Caracas (1725), La Habana (1728) y Santiago de Chile la de San Felipe (1738); la dominica de Santo Tomás, de 1610, no llegó a tener existencia oficial.
El Colegio Seminario de San Cristóbal, de Huamanga, en el Perú, gozaba privilegios universitarios, según Alcedo. No hallo datos sobre la Universidad que se dice existió en Guadalajara de México.
13   Sobre la actividad universitaria en Santo Domingo, consúltese el documentadísimo libro de fray Cipriano de Utrera, Universidades de Santiago de la Paz y de Santo Tomás de Aquino y Seminario Conciliar de la ciudad de Santo Domingo de la Isla Española. Santo Domingo 1932. Para comparar opiniones, V. el interesante folleto de fray M. Canal Gómez sobre «El Convento de Santo Domingo en la isla y ciudad de este nombre», Roma, 1934, reproducido en la revista Clio, órgano de la Academia Dominicana de la Historia, julio y agosto de 1934.
14   Sobre los franciscanos, V. Utrera, Universidades. pág. 14. Sobre el colegio del obispo Ramírez de Fuenleal, págs. 15-18. Para afirmar que el colegio del obispo existía antes de 1530, me apoyo en este pasaje de su carta al Emperador, desde México, en abril de 1532 (colección de documentos..., del Archivo de Indias..., XIII, 220): «Tengo en mi compañía a Cristóbal de Campaña, que ha leído tres años gramáticas en Sancto Domingo, y es de evangelio, y a la Trinidad canta misa; es docto en la lengua latina y de buen vivir...».

universitaria: la bula *In apostolatus culmine*,[15] de Paulo III, con fecha 26 de octubre de 1538, instituye la Universidad, con los privilegios de las de Alcalá de Henares y Salamanca. Se le dio el nombre de Santo Tomás de Aquino, cuyas doctrinas eran allí el fundamento de la enseñanza filosófica y teológica.

Pero el Colegio de los dominicos no fue el único que aspiró a la categoría universitaria: desde el siglo XVI la pidió y la obtuvo también (1540) el Estudio, célebre en la ciudad, que fue dotado por el medinense Hernando de Gorjón.[16] El estudio tuvo como base la escuela pública fundada por el obispo Ramírez de Fuenleal, y en él ocuparon cátedra escritores dominicanos: el

---

15 La bula *In apostolatus culmine*, de 1538, está incluida en el *Bullarium Ordinis Praedicatorum*, IV, 571, y en la Colección de bulas, breves y otros documentos relativos a la Iglesia de América y de Filipinas, del padre Francisco Javier Hernáez, 5, 1., tomo II, 438; existen copias en el Vaticano, en el Archivo General de la Orden de Predicadores y en el Archivo de Indias, de Sevilla. El original estaba en Santo Domingo y hubo de perecer cuando Drake puso fuego al archivo del Convento Dominico, en 1586. Fray Cipriano de Utrera discute la bula, como los jesuitas del siglo XVIII. Pero las acusaciones entre órdenes rivales no prueban nada. El padre Canal Gómez rechaza la duda como ofensiva para la Orden de Predicadores. De cualquier modo, en el siglo XVII se habla del Colegio de la Orden de Predicadores como Universidad: así, en 1632, en carta de fray Luis de San Miguel, que enseñó allí, se dice que tiene «por bula particular las mismas preeminencias que la Universidad de Alcalá en España» (Carlos Nouel, *Historia eclesiástica de la Arquidiócesis de Santo Domingo* en dos vols., Roma, 1913, y Santo Domingo, 1914; y I 256; además, Apolinar Tejera, *Literatura dominicana*, pág. 13, y Utrera, *Universidades*, 150). En 1662, el arzobispo Cueba y Maldonado le atribuye privilegios reales (Utrera, *Universidades*, 159). Se han atribuido a la Universidad, a veces, los títulos de Imperial y Pontificia; pero el título de imperial solo pertenecía al Convento de Predicadores.
Hay datos sobre la institución en el Memorial que publica en 1693 fray Diego de la Maza (V. en este trabajo el capítulo VIII, b, notas): no lo conozco, ni sé que haya sido consultado.

16 Las gestiones de Gorjón están documentadas desde 1537 (Utrera, *Universidades*, 26-29). Ya en 31 de mayo de 1540 el Emperador autoriza la fundación del «colegio general..., en que se lean todas ciencias» (es decir, universidad) y promete pedir al Papa que «conceda al dicho colegio las franquezas y esenciones (sic) que tiene el Estudio de Salamanca» (Utrera, 29-31). En cédula de 19 de diciembre de 1550, muerto Gorjón, la corona dispone que su legado sirva para establecer el colegio general sobre la base del «Estudio que al presente está fecho e fabricado» (Utrera, 33-35). La cédula real de 23 de febrero de 1558 confirma la autorización, empleando la fórmula «Estudio e Universidad» (Utrera, 35-36). El visitador Rodrigo de Ribero, en ordenanza de 1583, dispuso que se le llamara Universidad de Santiago de la Paz, conforme a la voluntad de Gorjón (Utrera, 50). El cronista oficial Juan López de Velasco, en su *Geografía y descripción universal de las Indias*, escrita de 1571 a 1574 (Madrid, 1894, pág. 100), llama a la Universidad de Gorjón de San Nicolás, confundiéndose con el nombre del Hospital que fundó el gobernador Frey Nicolás de Ovando. Gorjón también dejó rentas para hospital. Oviedo habla de su construcción en 1547: «Hanse fecho agora nuevamente unas escuelas para un colegio (donde se lea gramática e lógica e se leerá philosophía e otras sçiençcias), que a do quiera sería estimado por gentil edificio» (*Historia general y natural de las Indias*, parte I, libro III cap. XI). Fray Alonso Fernández, en su *Historia eclesiástica de nuestros tiempos* (Toledo, 1611), dice que la ciudad de Santo Domingo tenía un colegio o universidad de gramática y ciencias con cuatro mil pesos de renta». Sobre la

padre Diego Ramírez, Cristóbal de Llerena, Francisco Tostado de la Peña, Diego de Alvarado, Luis Jerónimo de Alcocer. Desde 1583, se le llamó oficialmente Universidad de Santiago de la Paz.

La historia de las dos universidades no es muy clara: las envuelve, como a todo, la niebla colonial. La de Santo Tomás de Aquino creció en importancia. La de Santiago de la Paz decayó, según noticias del siglo XVI; en 1602 la convirtió en Seminario Tridentino el arzobispo Dávila Padilla; a mediados del siglo XVII vino a quedar como subordinada a la de los dominicos, y en el siglo XVIII quedó absorbida por el colegio que la Compañía de Jesús estaba autorizada a fundar.

Divídanse las universidades españolas, según la tradición medieval, en cuatro facultades: Teología; Derecho (ambos derechos, civil y canónico); Medicina; Artes, las siete artes liberales, el trivio: gramática —latina, desde luego—, retórica y lógica; el cuadrivio: aritmética, geometría, música y astronomía, designada entonces con el arcaico nombre de astrología. Era obligatorio explicar en latín las lecciones, salvo para la medicina. El título de bachiller en artes se obtenía en la adolescencia: era el preparatorio. En nuestra Universidad de Santo Tomás, según el padre San Miguel, en 1632, se graduaban «en Artes, Teología, Cánones y Leyes... En sus principios se graduaban en todas las Facultades»: debe entenderse, pues, que al principio hubo también enseñanza de medicina. A fines del siglo XVII la había de nuevo: el sevillano Díez de Leiva se incorpora como licenciado en medicina en 1687; en el siglo XVIII tenemos noticia de catedráticos como Manuel de Herrera (m. 1744) y el catalán Francisco Pujol, que a mediados de la centuria había impreso en Cádiz una carta a nuestra Universidad, la Universidad Literaria de Santo Tomás, donde había recibido su título de doctor en medicina: allí pide, según el bibliógrafo mexicano Beristáin, «que los puntos para disertar en las oposiciones escolásticas a las cátedras de medicina no se den en las obras de Avicena, sino en el texto de Hipócrates, y para la cátedra de Anatomía se saquen de la obra de Martín Martínez», el maestro español de aquella época; todavía en los comienzos de la medicina moderna, imperaba en Santo Domingo la de la Edad Media:

---

decadencia del Colegio de Gorjón, V. Utrera, 46 y sigs. Sobre su conversión en seminario, 89-91. Sobre su subordinación a la Universidad de los dominicos, 160.

volver a Hipócrates representaba progreso, como lo había sido siempre hasta el siglo XV.

A la Universidad de Santo Tomás acudieron durante tres siglos estudiantes de todas las Antillas y de Tierra Firme. Todavía después de fundadas, en el siglo XVIII, las Universidades de La Habana y de Caracas, concurrían a la de Santo Domingo alumnos cubanos y venezolanos: los tuvo hasta el momento de su extinción. Y fue nuestro plantel quien nutrió en sus comienzos al de Cuba y al de Venezuela.[17] Los primeros rectores de la Universidad de La Habana proceden de Santo Domingo: desde luego, el primero, fray Tomás de Linares (m. 1764), en 1728, reelecto en 1736 y en 1742; después, fray José Ignacio de Poveda, en 1738. Igual cosa sucede con el primer rector de Caracas, en 1725, el doctor Francisco Martínez de Porras, nativo de Venezuela, pero graduado en Santo Domingo, y con el catedrático fundador José Mijares de Solórzano, rector después y finalmente obispo de Santa Marta.

En el siglo XVIII renace la Universidad de Santiago de la Paz al incorporarse el Colegio de Gorjón en el de los jesuitas: en 26 de mayo de 1747, el rey Felipe V dispone que se erija «el colegio de la Compañía... en universidad y estudio general con las mismas facultades y privilegios que gozaba la que se fundó en el Colegio de Gorjón», para zanjar dificultades, en vista de que los jesuitas les discuten a los dominicos los orígenes de su plantel, el rey normaliza la situación confirmándoles a las dos universidades sus antiguos nombres. Los jesuitas, además, obtienen del Papa Benedicto XIV la autorización contenida en el breve *In supereminenti*, de 14 de septiembre de 1748. Todavía en 1758, para acallar disputas, el rey hace constar que la institución de los dominicos no tiene derecho a llamarse, como pretende, a imitación de la sede arzobispal, «Universidad Primada de las Indias», porque ninguna de las dos de Santo Domingo tiene preeminencia de derechos sobre la otra.

Al renacer, la Universidad de Santiago de la Paz estaba autorizada a enseñar en las cuatro facultades clásicas. Pero vivió poco: murió en 1767,

---

17 Sobre relaciones universitarias de Santo Domingo con Venezuela y Cuba, consúltese Rafael María Baralt y Ramón Díaz, *Resumen de la historia de Venezuela*, en tres vols., París, 1841-1843: V. tomo 1, 441; Utrera, 95 y 202-214; *Documentos del Archivo Universitario de Caracas*, 1725-1810, 1, Caracas, 1930; Juan Miguel Dihigo, La Universidad de La Habana, La Habana, 1916, y Real y Pontificia Universidad de La Habana, en la *Revista de la Facultad de Letras y Ciencias*, Universidad de La Habana, 1930, XLI, 175-393.

cuando se expulsa de todos los territorios españoles a la Compañía de Jesús. Se reorganizó la institución, a fines del siglo (1792), como seminario conciliar, bajo el nombre de Colegio de San Fernando, pero desapareció durante el breve período de dominio francés (1801-1808).

La Universidad de Santo Tomás de Aquino persistió hasta el final del siglo XVIII. Desde 1754, por lo menos —cuando se redactan nuevos estatutos—, no era ya exclusivamente universidad de los dominicos: parte de la enseñanza estaba en manos de seglares, y los rectores podían serlo. Sabemos que hacia 1786 tenía cincuenta doctores y unos doscientos estudiantes.

Hacia 1801 se cerró, bajo los franceses. En 1815, bajo el nuevo régimen español, se reabrió como institución laica, al empuje de la ola liberal que venía de las Cortes de Cádiz, y sobrevivió hasta 1823, en que se extinguió definitivamente, al despoblarse sus aulas cuando los invasores haitianos obligaron a todos los jóvenes al servicio militar. El primer rector, en el período final, fue José Núñez de Cáceres (1815-1816); el último, Bernardo Correa Cidrón (1822-1823).[18]

---

[18] Sobre el período final de las universidades coloniales, consúltese *Guía histórica de las Universidades, Colegios, Academias y demás cuerpos literarios de España y América...*, Madrid, 1786; Utrera, 248-258, 334-335, 543-547, 558, 567 y al final B-C, en Adiciones y correcciones; en las págs. 548-564 da una lista de los estudiantes de 1815 a 1823, con la filiación de muchos; son unos doscientos cincuenta; cerca de la mitad proceden todavía de Puerto Rico, Cuba y Venezuela.

IV. Los conventos[19]

Tuvieron, grande importancia los conventos. Los de las tres Órdenes tenían en la capital admirables templos, de naves ojivales, con portada Renacimiento. Gran dolor es que se haya arruinado el de San Francisco, cuyos formidables muros duplicaban su altura con la de la eminencia donde se asienta. Y lástima, también, que todos los claustros se hayan arruinado. El de los dominicos, el Imperial Convento de Predicadores, era «suntuoso y muy grande, de cuarenta moradores ordinarios», según noticias que habían llegado hasta el primer cronista oficial de Indias, Juan López de Velasco, hacia 1571; el de San Francisco tenía entonces «hasta treinta frailes»; los de monjas, Santa Catalina de Sena, de dominicas, con su templo de la Regina Angelorum, y Santa Clara, de franciscanas, tenía «ciento ochenta monjas, poco más o menos», según el Oidor Echagoyan, hacia 1568. En el de dominicas estuvo profesa doña Leonor de Ovando, nuestra poetisa del siglo XVI. Después hubo monjas junto a la Ermita del Carmen, no sé de qué orden.

Echagoyan dice que los conventos eran «de gran honestidad y religión». Oviedo, años antes, piensa que en ellos hay «personas de tan religión e gran exemplo, que bastarían a reformar a todos los otros monesterios de otros

---

19   Sobre la cultura religiosa, consúltese la *Historia eclesiástica de la Arquidiócesis de Santo Domingo*, de Carlos Nouel, y las valiosas notas que sobre este libro publicó, en el semanario *El Progreso*, de Santo Domingo, en 1915, nuestro gran investigador admirable escritor don Américo Lugo.
Hay breves referencias a los conventos en la *Historia eclesiástica de nuestros tiempos*, de fray Alonso Fernández.
Los datos de Juan López de Velasco, en su *Geografía y descripción universal de las Indias*, proceden quizás de la Relación del Oidor Echagoyan (*Colección de documentos...* del Archivo de Indias, 1, 34-35). López de Velasco atribuye a los conventos de monjas «cerca de ochenta religiosas»: probable error por las «ciento ochenta» de Echagoyan. Gil González Dávila, *Teatro eclesiástico de la primitiva iglesia de las Indias Occidentales*, dos vols., Madrid, 1649-1655, dice (1, 263) que el Convento de Santa Clara se fundó en tiempos del arzobispo Fuenmayor (1533-1554) con doce religiosas venidas de España y el templo se construyó con la dote de las primeras dieciséis profesas nacidas en la isla.
El Convento franciscano de monjas de la Concepción, en Caracas, lo fundaron en 1637 dos monjas naturales de Santo Domingo: Sor Isabel Tiedra y Carvajal y Sor Aldonza Maldonado, «religiosas de velo negro», procedentes del Convento de Santa Clara. Permanecieron en Caracas siete años. Consultar: Arístides Rojas, Estudios históricos, III, Caracas, 1927, págs. 300 y sigs.
En 1663, el arzobispo Cueba Maldonado atribuye al Convento Dominico «treinta y seis religiosos» (Utrera, *Universidades*, 159).
La Orden de la Merced llegó a tener cuatro conventos en la isla (comenzó en 1511; V. Las Casas, *Historia de las Indias*, libro II, cap. 34); la franciscana, tres (en Santo Domingo, en La Vega y en la Verapaz); la dominica, otros tantos: en Santo Domingo, Puerto Plata y tal vez La Vega.

muchos reynos, porque son sanctas personas y de gran dotrina» (*Historia*, libro III, cap. XI).

La Orden de la Merced cuenta, entre sus primeros representantes en Santo Domingo, de 1514 a 1518, a fray Bartolomé de Olmedo,[20] que sería después héroe de la conquista espiritual de México. «El padre Bartolomé — dice el mexicano fray Cristóbal de Aldana— se dedicó desde luego (en Santo Domingo) al consuelo de los indios y a su instrucción; defendíalos de las vejaciones de los españoles, asistíalos en sus enfermedades y los socorría en sus miserias. Instruía a los niños para ganar a los padres; movía y convencía a los cristianos para que edificasen a los idólatras...»

A principios del siglo XVII, de 1616 a 1618, intervino en la reforma del Convento de la Merced (y fue allí definidor) no menor maestro que Tirso de Molina, el Presentado fray Gabriel Téllez, en compañía del vicario fray Juan Gómez, catedrático del colegio mercedario de Alcalá de Henares, fray Diego de Soria, fray Hernando de Canales, fray Juan López y fray Juan Gutiérrez. Tirso declara que al partir ellos —solo Canales y Soria se quedaron— dejaron organizada la enseñanza de su convento con catedráticos nacidos en la isla, que desde entonces producía grandes talentos, aunque atacados de negligencia: «el clima influye ingenios capacísimos, puesto que perezosos» (poco antes, en 1611, decía el arzobispo Rodríguez Juárez en carta al rey: «esta tierra influye flojedad y aplicarse la gente poco al estudio»; naturalmente, no eran el clima ni la tierra, sino la despoblación y la pobreza, las causas del desamor al esfuerzo intelectual).[21]

---

20 Sobre fray Bartolomé de Olmedo (m. 1524), consúltese: Mariano Cuevas, *Historia de la Iglesia en México*, tomo 1, Tlalpan, 1921, págs. 115-116; fray Pedro Nolasco Pérez, Religiosos de la Merced que pasaron a América, en dos vols., Sevilla, 1923 (I. 1, 21-30); habla también, extensamente, del provincial de la Isla Española fray Francisco de Bobadilla, págs. 31-51); fray Cristóbal de Aldana, *Crónica de la Merced*, de México, impresa en México, s. a., en el siglo XVIII, después de 1780; reimpresa en 1929, facsimilarmente, por la Sociedad de Bibliófilos Mexicanos. Bernal Díaz del Castillo habla frecuentemente de él como acompañante de Cortés en la expedición de la conquista.
Según el historiador mexicano Veytia, hizo escribir en México un catecismo para indígenas.

21 El mercedario fray Hernando de Canales permaneció en la isla después de irse el padre Téllez; en 1625 aparece como definidor y en 1627, como provincial (Utrera, *Universidades*, 118, 129 y 131). El padre Soria estaba allí también en 1623; fue a España y regresó a la isla en 1634. Fray Pedro Nolasco Pérez, en la obra recién citada (II, 14), transcribe los datos que fray Juan Gómez da al Consejo de Indias, en 23 de enero de 1616, sobre los frailes que salen con él para Santo Domingo: de Canales dice que era «lector e predicador; de edad de veintiocho años; flaco de rostro; la color quebrada». De Tirso: «predicador y lector; de edad de treinta y tres años; frente elevada; barbi-

Glorioso entre nuestros conventos fue el Imperial de la Orden de Santo Domingo.[22] No solo porque sirvió de asiento a la Universidad de Santo Tomás

---

negro». Esta edad confirma la fecha de 1583 que da la partida de bautismo encontrada por doña Blanca de los Ríos de Lampérez y destruye la fecha conjetural de 1571. En la lista aparece otro nombre: fray Hernando de Sandoval Tirso (c, 1583-1648) cuenta los trabajos de la misión reformadora del Convento Mercedario en su *Historia de la Orden de la Merced*, cuyo manuscrito inédito se conserva en Madrid, en la Academia de la Historia. Las páginas relativas a Santo Domingo las ha impreso allí don Américo Lugo, en la revista *Renacimiento*, 1915, 1, núms. 4-5; parte de ella citan Marcelino Menéndez y Pelayo en su *Historia de la poesía hispanoamericana*, I, Madrid, 1911, págs. 299-301, y Emilio Cotarelo y Mori en la Introducción al tomo 1 de *Comedias de Tirso*, Madrid, 1906 (Nueva *Biblioteca de Autores Españoles*, IV), págs. 17-20. Consúltese el libro de fray Cipriano de Utrera, *Nuestra Señora de las Mercedes: Historia documentada de su santuario en la ciudad de Santo Domingo y de su culto*, Santo Domingo, 1932.

En su libro misceláneo *Deleitar aprovechando*, Madrid, 1635, folios 183 y 187, Tirso da cuenta del certamen poético en honor de la Virgen de las Mercedes, muy concurrido por ingenios del país, en septiembre de 1616 (debe de ser 1616 y no 1615, como dice Tirso: doña Blanca de los Ríos de Lampérez, *Del siglo de oro*, Madrid, 1910, pág. 28, ha demostrado que el poeta salía para Santo Domingo en 1616 y no en 1615): él mismo concurrió con ocho composiciones, una de las cuales fue premiada.

En su comedia *La villana de Vallecas*, estrenada en 1620, hay recuerdos de Santo Domingo. En el Acto I, Escena IV:

Y si en postres asegundas,
en conserva hay piña indiana,
y en tres o cuatro pipotes
mameyes, eipizapotes;
y si de la castellana gustas,
hay melocotón y perada;
y al fin saco un túbano de tabaco
para echar la bendición.

Y en el Acto II, Escena IX:

¿Cómo se coge el cacao?
Guarapo ¿qué es entre esclavos?
¿Qué frutos dan los guayabos?
¿Qué es casabe, y qué jaojao?

Tirso habla también de cosas de América en sus «comedias famosas» *Amazonas en las Indias* y *La lealtad contra la envidia*, publicadas en 1635, en la Cuarta Parte de sus comedias; allí abundan las palabras indígenas, antillanas en su mayor parte: bejuco, cacique, caimán, canoa, chocolate, guayaba, iguana, jején, jícara, macana, maíz, naguas, nigua, papaya, petaca, tabaco, tambo, tiburón, tomate, yanacona, yuca.

22 He trazado sintéticamente la historia del Convento de Dominicos en mi artículo «Casa de apóstoles», publicado en el diario *La Nación*, de Buenos Aires, 18 de noviembre de 1934, y reproducido en la revista *Repertorio Americano*, de San José de Costa Rica, 16 de marzo de 1935.
Sobre los primeros dominicos, V. Las Casas, *Historia de las Indias*, libro II, cap. 54, y libro III, caps. 3-12, 14, 15, 17-19, 33-35, 38, 54, 72, 81-87, 94-95, 99, 134, 156, 158 y 160, y fray Agustín Dávila

de Aquino. Sobre su pórtico se yerguen gigantescas las apostólicas figuras de fray Pedro de Córdoba, fray Antonio de Montesinos y fray Bernardo de Santo Domingo, iniciadores de la formidable cruzada que en América emprende el espíritu de caridad para debelar la rapaz violencia de la voluntad de poder, una de las grandes controversias del mundo moderno, cuya esencia es la libertad del hombre. A ellos se une pronto fray Domingo de Mendoza,[23] docto varón, de estirpe ilustre, que en España había concebido

---

Padilla, *Historia de la fundación y discurso de la Provincia de Santiago, de México*, de la Orden de Predicadores..., Madrid, 1599.

Fray Antonio de Remesal, en su *Historia general de las Indias Occidentales y particular de la gobernación de Chiapa y Guatemala*, Madrid, 1619 (la impresión, terminada en 1620; al comenzar el libro primero, el autor la llama *Historia de la provincia de San Vicente de Chiapa y Guatemala*, de la Orden de nuestro glorioso padre Santo Domingo; ha sido reimpresa en dos vols., en Guatemala, 1932), libro I, cap. 5-8 y 17, libros II, III, IV, todos, y gran parte de los libros V y X, trata de los fundadores del Convento en Santo Domingo, y después, de fray Domingo de Mendoza, fray Domingo de Betanzos, fray Bartolomé de las Casas —muy extensamente—, fray Tomás de Torre —mucho—, fray Pedro de Angulo, fray Tomás Ortiz y fray Tomás de Berlanga, pero especialmente de la acción que ejercieron en Guatemala y México.

A ellos se refiere también extensamente el desconocido dominico que escribió la *Isagoge histórica apologética de las Indias Occidentales y especial de la provincia de San Vicente de Chiapa y Guatemala*, de la Orden de Predicadores, escrita en Guatemala, por los años de 1710-1711 publicada en Madrid, 1892, y reimpresa en Guatemala, 1935: se inspira en Remesal para muchas cosas; habla largamente de fray Pedro de Córdoba y fray Domingo de Betanzos. Puede consultarse, además, Julián Fuente, *Los heraldos de la civilización centroamericana, Reseña histórica de la Provincia Dominicana de San Vicente de Chiapa y Guatemala*, Vergara, 1929.

En la *Colección de documentos...*, del Archivo de Indias, VII, 397-430, hay una carta a Monsieur de Chièvres, el consejero flamenco de Carlos V, fechada en Santo Domingo, 1561, con la firma de fray Tomás Ansanus, provincial, fray Pedro de Córdoba; (¿vice?) provincial, fray Tomás de Berlanga; superior, fray Antonio de Montesinos; fray Domingo de Betanzos, fray Tomás Ortiz, y otros ocho frailes.

En el tomo XI de la Colección, págs. 211-215, está el Parecer, sin fecha, pero anterior a 1516, que firman fray Pedro de Córdoba, fray Tomás de Berlanga, fray Domingo de Betanzos, entre otros; pág. 243, unas Representaciones de 1516. En el tomo XXXV, 199-240, carta de 4 de diciembre de 1519, al Emperador, firmada por trece frailes, entre ellos Thomás Ansante (sic), provincial; fray Pedro de Córdoba, vicerrector; Montesinos, Ortiz y Berlanga.

23 Las Casas (*Historia*, lib. II, cap. 54, donde cuenta los comienzos de la Orden) dice que el talaverano fray Domingo de Mendoza «fue muy gran letrado; casi sabía de coro las partes de Sancto Tomás, las cuales puso todas en verso, para tenerlas y traerlas más manuales; y por sus letras, y más por su religiosa y aprobada y ejemplar vida, tenía en España grande autoridad...» Era hermano del Cardenal fray García de Loaisa. «Para su sancto propósito, halló a la mano un religioso llamado fray Pedro de Córdoba, hombre lleno de virtudes, y a quien Dios Nuestro Señor dotó y arreó de muchos dones y gracias corporales y espirituales. Era natural de Córdoba, de gente noble y cristiana nacido, alto de cuerpo y de hermosa presencia; era de muy excelente juicio, prudente y muy discreto naturalmente, y de gran reposo. Entró en la Orden de Santo Domingo bien mozo, estando estudiando en Salamanca... aprovechó mucho en las artes y filosofía y en la teología, y fuera sumo letrado, si por las penitencias grandes que hacía no cobrara grande y continuo dolor

el plan de establecer la Orden en el Nuevo Mundo. Es en aquel convento donde años después (hacia 1522) se hace fraile el que recoge la herencia de fray Pedro y fray Antonio,[24] el impetuoso e indomable Quijote de la fraternidad humana, Bartolomé de las Casas.

Le dio el hábito, según la tradición, fray Tomás de Berlanga,[25] provincial entonces, después obispo de Panamá. Con Las Casas estuvo allí su famoso acompañante fray Pedro de Angulo,[26] el gran evangelizador, fundador de

---

de cabeza, por el cual le fue forzado templarse mucho en el estudio... y lo que se moderó en el estudio acrecentólo en el rigor de austeridad y penitencia... Fue también..., devoto y excelente predicador...» fray Pedro había nacido en 1482; murió en Santo Domingo en abril o mayo de 1521 (creo más aceptable esta fecha de Las Casas que la de López, 30 de junio de 1525). Escribió un manual de *Doctrina cristiana* para instrucción de los indios por manera de historia, que se imprimió en México «por mandato y a costa» del gran arzobispo fray Juan de Zumárraga, en 1544 (José Toribio Medina, La imprenta en México, V. 1, 13-14).

Según Beristáin, *Biblioteca hispano-americana* septentrional, tres vols., México, 1816-1821, «escribió muchos Sermones, Memoriales al Rey e Instrucciones, que por falta de imprenta no llegaron a nosotros, pero se hallan en los archivos de Sevilla y Simancas». De sus memoriales y cartas los hay publicados en la *Colección de documentos* del Archivo de Indias, XI, 211-215 y 216-224.

Sobre él, además de Las Casas, Dávila Padilla y Remesal, y fray Juan López, *Cuarta parte de la Historia general de Santo Domingo y de la Orden de Predicadores*, Valladolid, 1615 (cuarta parte, págs. 163-174); José Toribio Medina, *La primitiva Inquisición americana* (1493-1569), dos vols, Santiago de Chile, 1914 (l. I, 76-78 y 89-98): fue el primer inquisidor general de las Indias, en unión de fray Alonso Manso, obispo de Puerto Rico (1519).

24 Fray Antón de Montesinos, «muy religioso y buen predicador», es, como se sabe, el que pronunció los famosos sermones contra la explotación de los indios, en diciembre de 1510, con los cuales se inició la cruzada que él y fray Pedro de Córdoba llevaron hasta España, donde lograron que se dictasen las primeras reglamentaciones contra los abusos de la encomienda.
Fray Bernardo de Santo Domingo era, según Las Casas, «poco o nada experto en las cosas del mundo, pero entendido en las espirituales, muy letrado y devoto y gran religioso». Redactó en latín el *Parecer* que los dominicos dieron en 1517 a los gobernadores jerónimos sobre la libertad de los indios; y Las Casas, *Historia*, libro III, cap. 94.

25 Fray Tomás de Berlanga (m. 1551), después de ser provincial de su Orden en Santo Domingo, lo fue en México (1532), y fue el primer obispo de Panamá (1533-1537). Escribió, según Beristáin, *Epistola ad Generalem Patrum Praedicatorum Capitulum de erigenda Provincia Sanctae Crucis en Insulis Maris Oceani* (la Provincia de la Santa Cruz es la de los dominicos en la Española); además la larga Pesquisa, en Lima, sobre la conducta de Pizarro, Riquelme y Navarro en la conquista (1535), publicada en la *Colección de documentos*..., del Archivo de Indias, X, 237-333, y la carta al Emperador, de 3 de febrero de 1536, sobre las disputas entre Pizarro y Almagro, publicada por don Roberto Levillier en Gobernantes del Perú: Cartas y papeles, II, 37-50. Según Oviedo (*Historia*, parte 1, libro VIII, cap. 1); fue él quien introdujo el banano en América, en 1516, trayéndolo de la Gran Canaria. Sobre su ida a México en 1532, carta del obispo Ramírez de Fuenleal, *Colección de documentos*..., del Archivo de Indias, XIII, 210.

26 Fray Pedro de Santa María o de Angulo, burgalés (m. 1561), escribió en lengua zapoteca, en México, ocho tratados para la enseñanza de los indios: De la creación del mundo, De la caída de Adán, Del destierro de los primeros padres, Del decreto de la redención, Vida, milagros y pasión de Jesucristo, De la resurrección y ascensión del Salvador, Del juicio final, De la gloria y el infierno.

conventos en Guatemala y Nicaragua, finalmente obispo de la Verapaz: antes que fraile había sido conquistador en México.

De allí salen, durante gran trecho del siglo XVI, los fundadores de nuevos conventos dominicos en América: «desta casa se han poblado las islas, y Nueva España, y el Perú», decían los frailes de la Española en 1544. Partieron de allí, entre otros, fray Domingo de Betanzos[27] y fray Tomás Ortiz[28] para fundar el convento dominico de México (1526); fray Tomás de la Torre[29] fundador del convento en Chiapas; fray Tomás de San Martín,[30] evangelizador del Perú, donde fue el primer provincial y fundó los conventos de Huamanga y Chucuito. Allí se estrena como predicador, novicio aún, aquel

---

27 Fray Domingo de Betanzos, leonés, estuvo en Santo Domingo de 1514 a 1526; predicaba en lengua indígena a los indios; vivió después en México, donde fue el primer provincial dominico, y en Guatemala, donde fundó el Convento de su Orden; murió en España en 1549. Escribió unas Adiciones a la *Doctrina cristiana* de fray Pedro de Córdoba.

28 Fray Tomás Ortiz, extremeño, de Calzadilla, después de vivir en Santo Domingo estuvo en México (1526); en Nueva Granada fue obispo de Santa Marta y murió en 1538. Escribió entre 1525 y 1527 una *Relación curiosa de la vida, leyes, costumbres y ritos que los indios observan en su política, religión y guerra*; debe de referirse a los indígenas de Santo Domingo, en parte al menos. Juan de Castellanos (*Elegías de varones ilustres de Indias*, tomo IV de la *Biblioteca de Autores Españoles*, pág. 267) lo llama «docto varón y bien intencionado» (y, además, págs. 278 y 280).
Consultar: Medina, *La primitiva Inquisición americana*, 1, 193, 106-107 y 113-120.
Consúltese: *Cartas de Indias*, Madrid, 1877, págs. 724-725; *Colección de documentos...* del Archivo de Indias, V. 450-465 y XII, 531-538 (carta que firma con Zumárraga en México, 1545); Medina, La primitiva Inquisición americana, I, 113 y 118-120. No conozco todavía el libro de don Alberto María Carreño, fray Domingo de Betanzos, fundador en la Nueva España de la venerable Orden Dominicana; México, 1934.

29 Fray Tomás de Torre (m. 1567) escribió una *Historia de los principios de la Provincia de Chiapa y Guatemala, del Orden de Santo Domingo*, cuyo manuscrito utilizó Remesal en su conocida obra (V. su prólogo). De Torre dice Beristáin que en Santo Domingo, «por haber predicado un día contra el maltrato que daban algunos a los indios, quisieron matarlo los resentidos».
Consúltese: Cartas de Indias, 848-849.

30 Fray Tomás de San Martín (1482-1554) trabajó en favor de los indios en Santo Domingo, donde, según Mendiburu, llegó a oidor de la Real Audiencia; pasó al Perú, donde actuó durante gran parte de la conquista y todas las guerras civiles. Fue allí el primer provincial de su Orden y el primer obispo de Charcas (1551). Escribió Parecer..., sobre si son bien ganados los bienes adquiridos por los conquistadores, pobladores y encomenderos de Indias (en la *Colección de documentos...* del Archivo de Indias, VII, 348-362, donde por error se le llama «Fray Matías»; le sigue una réplica del padre Las Casas); Relación de los sacrificios de los peruanos a sus dioses en tiempos de siembra y cosecha y al emprender obras públicas, y Catecismo para indios.
Consúltese: Bernard Moses, Spanish colonial literature in South America, Nueva York, 1922, págs. 67-69; Manuel de Mendiburu, *Diccionario histórico-biográfico* del Perú, en ocho vols., Lima 1874-1890 (hay nueva edición reciente); Cartas de Indias, 521-522, 537, 556 y 841-842; Gobernantes del Perú: Papeles y cartas, publicados por Levillier, 1, 95, 121, 165, 177, 188 y 221.

singular maestro de la prosa, fray Alonso de Cabrera.[31] Allí reside, viviendo como modesto fraile, el ilustre arzobispo Dávila Padilla. Y allí se educaron nativos estudiosos, y hasta escritores, como fray Alonso de Espinosa y fray Diego Martínez.[32]

---

[31] Fray Alonso de Cabrera, cordobés (c. 1549-1606), según el padre Miguel Mir «en la Isla de Santo Domingo dio muestras de su celo, empezando el oficio de la predicación»; era novicio todavía. Fue uno de los más originales oradores sagrados, con elocuencia persuasiva a la que mezclaba pinturas novelescas de la vida común; su prosa es de arquitectura clara, de párrafos breves y fáciles en aquel siglo en que abundaba la prosa encadenada.
Publicó: Sermón que predicó en las honras que hizo la villa de Madrid a S. M. el rey Felipe II..., Madrid, 1598, reimpreso en Barcelona, 1606 (se tradujo al italiano, Roma, 1598); Consideraciones sobre los Evangelios de la Cuaresma..., dos vols., Córdoba, 1601, reimpresas en Barcelona, 1602 y 1606; Consideraciones en los Evangelios de los domingos de adviento y festividades que en este tiempo caen..., dos vols., Córdoba, 1608, reimpresas en Barcelona, 1609. Todas estas obras están reunidas bajo el título común de Sermones, en el tomo III de la Nueva *Biblioteca de Autores Españoles*, con prólogo del padre Mir, Madrid, 1906. Hay nueva edición, bajo el título de Obras, con introducción del padre Alonso Getino, Madrid, 1921. No sabemos si entre esos sermones hay parte de lo que predicó en Santo Domingo. Escribió, además, Consideraciones sobre los Evangelios de la circuncisión y de la purificación, Barcelona, 1609; y Tratado de los escrúpulos y sus remedios, Valencia, 1599; reimpreso en Barcelona, 1606; traducido al italiano, 1612, y al francés, 1622.
Consultar: Iacobus Quétif y Iacobus Echard, Scriptores Ordinis Praedicatorum recensiti, dos vols., París, 1719-1721.
Fray Juan de Manzanillo o Martínez de Manzanillo salió del Convento Dominico, donde había sido catedrático y prior, para el cargo de obispo de Venezuela (1584). Murió entre 1592 y 1594 (y Arístides Rojas, Estudios históricos, 1, Caracas, 1926, págs. 130-131).
En el siglo XVIII, ejerció de maestro en el Convento de Santo Domingo el habanero fray José Fonseca, autor de los primeros apuntes históricos sobre los escritores de Cuba, cuyo manuscrito disfrutó el bibliógrafo mexicano Eguiara (consúltese a Beristáin).

[32] No cabe aquí reseñar la vasta bibliografía de fray Bartolomé de las Casas (1474-1566). Recordaré sus folletos polémicos de 1552 y 1553: el más ruidosos de todos, que se tradujo a siete idiomas en el siglo XVI, la Brevísima relación de la destrucción de Las Indias, escrita en 1542 (puerilmente se ha intentado disculpar de este opúsculo a Las Casas, atribuyéndolo a fray Bartolomé de la Peña, como si el Protector de los Indios necesitara excusas por la interpretación que a sus extraordinarias exageraciones polémicas dieron los enemigos de España), y los que se nombran con las primeras palabras de sus extensas portadas: Lo que se sigue en un pedazo de una carta y relación que escribió cierto hombre..., Entre los remedios..., Aquí se contiene una disputa o controversia (con Juan Ginés de Sepúlveda)..., Aquí se contienen unos avisos y reglas para los confesores..., Este es un tratado..., Aquí se contienen treinta proposiciones muy jurídicas..., Principia quedam ex quibus procedendum est..., todos impresos en 1522; Tratado comprobatorio del imperio soberano y principado universal que los Reyes de Castilla tienen sobre las Indias, 1553. El Instituto de Investigaciones Históricas, de la Universidad de Buenos Aires, ha reimpreso facsimilarmente estos folletos en 1924.

V. Obispos y arzobispos

Centro de vida intelectual no inferior a los conventos fue el Palacio Episcopal: por allí pasó larga serie de prelados cultos,[33] escritores muchos de ellos. Según las normas que adoptó España para sus colonias, ninguno era nativo del país; pero a otras regiones de América dio Santo Domingo prelados como Morell de Santa Cruz.

Uno de los primeros obispos fue el humanista italiano Alessandro Geraldini (1455-1524).[34]

En España, donde estuvo unos cuarenta años y recibió de los Reyes Católicos el nombramiento de preceptor de Palacio, había sido, junto con su hermano Antonio, y como Lucio Marineo Sículo y Pedro Mártir de Anghiera, uno de los portadores del espíritu italiano del Renacimiento.

---

33 Sobre los obispos y arzobispos, consúltese: Nouel, *Historia eclesiástica de la Arquidiócesis de Santo Domingo*, y las notas de don Américo Lugo, mencionadas al hablar de los conventos; Gil González Dávila, Teatro eclesiástico de las Indias Occidentales; Antonio de Alcedo, Diccionario geográfico-histórico de las Indias Occidentales, cinco vols., Madrid, 1786-1789; Beristáin, *Biblioteca hispano-americana* septentrional; Trelles, Apéndice al *Ensayo de bibliografía cubana de los siglos XVII y XVIII*; José Toribio Medina, *Biblioteca hispano-americana* (1493-1811), siete vols., Santiago de Chile, 1898-1907; Tejera, *Literatura dominicana* (habla principalmente de los prelados); Utrera, *Universidades*, especialmente págs. 522-527.

34 El Itinerarium ad regiones sub aequinoctiali plaga constitutas, de Geraldini, con otros doce escritos en prosa latina relativos a Santo Domingo (diez cartas, un memorial y un sermo —¿sermón o pastoral?— dirigido a sus diocesanos) y las dos poesías mencionadas, se publicó en Roma, 1631.
Es interesante encontrar en Geraldini las «étoiles nouvelles» («alia sub alio caelo sidera») que a fines del siglo XIX volvió a poner en boga el soneto de José María de Heredia Les conquérants. Ya Colón decía, en carta de 1500, que había hecho «viaje nuevo al nuevo cielo y mundo». En mi breve trabajo Las «estrellas nuevas» de Heredia, publicado en la *Romanic Review*, de la Universidad de Columbia, en Nueva York, 1918, IX, 112-114, señalé la imagen en Pedro Mártir, *De orbe novo*, década 1, libro IX, publicada en 1511 (anterior al Itinerarium de Geraldini, quien seguramente la leyó); en Etienne de La Boétie, Epístola Ad Belotium et Montanum, sobre Colón, escrita hacia 1550; en Camoens, *Os Lusiadas*, publicado en 1572, canto V; en Ercilla, *La Araucana*, canto XXXVII, publicado en 1589; en Bernardo de Valbuena, *La grandeza mexicana*, poema publicado en 1604. Ahora puedo agregar otro pasaje de Valbuena en *El Bernardo*, canto XVI, al referirse a la conquista de América: Verán nuevas estrellas en el cielo...
Hay también alusiones al nuevo cielo en el canto XIX. Menéndez Pelayo piensa que unos dísticos latinos, publicados en México en 1540, del burgalés Cristóbal de Cabrera son el «primer vagido de la poesía clásica en el Nuevo Mundo». Pero Geraldini se le anticipa en más de quince años. Habla extensamente de Geraldini, dando citas de sus obras, fray Cipriano de Utrera en su libro La Catedral de Santo Domingo, de la serie Santo Domingo: Dilucidaciones históricas, Santo Domingo, 1929. Consúltese, además, M. Menéndez y Pelayo, Antología de poetas líricos castellanos, tomo VI, cap. VII, y Belissario Conte Geraldini, Cristoforo Colombo e il primo vescovo di S. Domingo Mons. Alessandro Geraldini, Amelia, 1892.

Fue escritor fecundo en latín, tanto en prosa como en verso; dejó fama como maestro; además, «tiene el mérito —dice Menéndez y Pelayo—, de haber sido uno de los primeros que empezaron a recoger lápidas e inscripciones romanas en España». Narra su llegada a Santo Domingo —donde pasó cuatro años, los últimos de su vida—, en las curiosas páginas de su *Viaje a las regiones sub-equinocciales*; al viaje consagra una oda; a la construcción de la Catedral donde reposa, otra oda, en sáficos y adónicos, primeros versos escritos en latín —que sepamos— en el Nuevo Mundo.

La pintura que hace de la ciudad de Santo Domingo, su cultura, su lujo, sus banderías, es sorprendente: «Quare, si populus meus reliquet factiones, quas male in cepit, plane aussim affirmare hanc urbem, succedente minorum actate latissimum in tota Plaga Aequinoctiali imperium habiruram esse. Quid referam, nobiles Equites vestibus purpureis, sericis, auro intertexto claros, qui innumeri sunt? Quid jurisconsultos, qui patria eorum sub axe Europae relicta, hanc civitatem optimis legibus, optimis moribus, sanctissimis institutis insignem reddidere? Quid Praefectus navium? Quid Milites? Qui novas gentes, novos populos, novas nationes, nova regna, et alia sub alio coelo sidera quotidie detegunt, res procul dubio admiranda est. Postea cum templum episcopale adirem e tignis, e coeno, e luto erectum, ingemui populum meum tantam curam in aedibus privatis possuisse, qua breve ei domicilium daturae sunt, et nullum consiliun in templo aedificando tenuisse».

En las poesías, que son medianas, hay uno que otro pasaje agradable, como el que habla de la Virgen en la oda sáfica sobre la Catedral:

>Nam solet totas refovere terras
>Fronte serena.
>Et solet gentes recreare maestas,
>Pallio subter retinere sancto;
>Et solet turbae misere vocanti
>Ferre levamen.
>Haec supra celsas renitebit aras,
>Picta praeclari manibus magistri,
>Atque coelestis facie beata
>Ore que miti.

Sucedió a Geraldini, en 1529, Sebastián Ramírez de Fuenleal,[35] en quien se reúnen los dos obispados de la isla, el de Santo Domingo y el de Concepción de La Vega Real; desempeñó, conjuntamente, el cargo de presidente de la Real Audiencia. En 1532, sin renunciar los obispados de la Española, pasó a México, a presidir la Audiencia; allí emprendió vasta labor de organización jurídica y administrativa, que sirvió de fundamento al esplendor del virreinato; hacia 1535 se trasladó a España, donde fue obispo sucesivamente de Tuy (1538), de León (1539) y de Cuenca (1542).

El título de arzobispo tocó por primera vez, en 1545, al licenciado Alonso de Fuenmayor,[36] a quien se le otorgó el palio en 1547: había venido como gobernador y presidente de la Real Audiencia en 1533 (hasta 1543); desde 1538, por lo menos, fue obispo.

Después de Fuenmayor, los bibliógrafos mencionan nuevos prelados como escritores que dejaron libros, relaciones o cartas, en impresos o solo en manuscritos. En el siglo XVI, el teólogo y predicador palentino fray Nicolás de Ramos,[37] franciscano, que terció en la controversia sobre las traducciones de la Biblia en España, escribiendo en defensa de la Vulgata latina.

---

35 Sebastián Ramírez de Fuenleal (m. 1547), a quien los cronistas llaman en ocasiones Ramírez de Villaescusa, porque era natural de Villaescusa de Haro, en Cuenca, escribió una Relación de la Nueva España, cuyo manuscrito conocieron Antonio de Herrera y León Pinelo. Si existe todavía, no se ha publicado, a pesar de la importancia que debe suponérsele. Sobre su llegada a Santo Domingo hay una carta suya de marzo de 1529, publicada en la *Colección de documentos*, del Archivo de Indias, XXXVII; en el tomo XIII, 206-224, hay otra, escrita en México el 30 de abril de 1532, en que habla de su viaje desde Santo Domingo, y otras tres cartas, escritas desde México en 1532, págs. 224, 230, 233-237 y 250-261. Digna de atención (Colección..., XIII, 420-429), la hermosa carta de Vasco de Quiroga (1470-1565), en que pide al Emperador el traslado de Fuenleal a México, por el bien que allí puede hacer (de paso, vemos que el insigne filántropo estuvo también en Santo Domingo): «... segund del obispo conocí, lo poco que le vi e conocí en Sancto Domingo, y lo que, después que llegué a esta Nueva España, acá he visto, me parece que es tan importante la venida de su persona, que no se le debe dexar a su albedrío».

36 El yangues Fuenmayor (m. 1554) escribió una Relación de las cosas de la Española, hacia 1549, que Antonio López Prieto manejó según la bibliografía del señor Trelles. Hay documentos firmados por él, como presidente de la Audiencia, en unión de los oidores o de otros funcionarios, en la *Colección de documentos...*, del Archivo de Indias, 1, 548 y sigs. Sobre Ramírez de Fuenleal y Fuenmayor, consúltese: Oviedo, *Historia*, libro III, cap. 10; libro IV, caps. 5 y 7; libro V, cap. 12; Tejera, *Literatura dominicana*, 33-39 y 42-44; Utrera, La Catedral de Santo Domingo, 218.

37 Fray Nicolás de Ramos, natural de Villasabal en Palencia (1531-c. 1599), fue provincial de los franciscos en Valladolid; se le nombró en 1591 obispo de Puerto Rico, donde no sabemos si estuvo, y después arzobispo de Santo Domingo, donde murió. Publicó Assertio ueteris Uulgatae Editionis iuxta decretum sacrosancti oecumenici & generales, Concilii Tridentini, sessione quarta, Salamanca,

En el siglo XVII, el dominico mexicano fray Agustín Dávila Padilla,[38] gran orador, arqueólogo e historiador, autor del primero de los libros publicados sobre órdenes religiosas en América; el dominico ecuatoriano fray Domingo de Valderrama,[39] teólogo y predicador de renombre, que antes había sido catedrático de la Universidad de San Marcos en Lima y después fue obispo en La Paz; el dominico salmantino fray Cristóbal Rodríguez Juárez,[40] antes catedrático de teología en la Universidad de Salamanca; el cisterciense

---

1576; Segunda parte: *Assertiones pro tuenda ueteris Vulgata Latina Editione secundum mentem Concil. Trid.*, Valladolid, 1577 (Medina, *Biblioteca hispano-americana*, I, 398-399 y 401).

38 Dávila Padilla (1562-1604), arzobispo desde 1600 hasta su muerte, publicó un *Elogio fúnebre* de Felipe II, pronunciado en la Iglesia Mayor de Valladolid en 1598 (se imprimió en Madrid, 1599, suelto, y en la colección de sermones sobre el rey dispuesta por el impresor Juan Iñiguez de Lequerica; se reimprimió en Sevilla, 1599 y 1600); la bien conocida *Historia de la fundación y discurso de la Provincia de Santiago*, de México, de la Orden de Predicadores, por las vidas de sus varones insignes, y casos notables de Nueva España, Madrid, 1596, reimpresa en Bruselas, con el título de *Varia historia de la Nueva España y Florida*, donde se tratan muchas cosas notables, ceremonias de indios y adoración de sus ídolos, descubrimientos, milagros, vidas de varones ilustres y otras cosas sucedidas en estas provincias. Según noticia de Beristáin, dejó manuscrita una *Historia de las antigüedades de los Indios*, cuyo paradero se ignora: aunque Beristáin estaba generalmente bien informado ¿podrá suponerse confusión con la parte que trata de antigüedades mexicanas en la obra sobre los dominicos?

No sabemos que haya escrito nada sobre Santo Domingo, fuera de las cartas al rey fechadas en 8 de octubre de 1600 y 20 de noviembre de 1601 (V. Apolinar Tejera, *Literatura dominicana*, 53-54) y de las referencias a los comienzos de la Orden de Predicadores en la isla.

En su tiempo, dice Gil González Dávila, «don Nicolás de Anasco, deán de la Iglesia de Santo Domingo, quemó en la plaza de la ciudad trescientas Biblias en romance, glosadas conforme a la secta de Lutero y de otros impíos; que las halló andando visitando el arzobispado en nombre del arzobispo». Significativa profusión de ejemplares de la Biblia de Casiodoro de Reina y Cipriano de Valera: la heterodoxia, según parece, tuvo libertad hasta entonces (V. en los capítulos VII y VIII, a, de este trabajo, el caso de Lázaro Bejarano y fray Diego Ramírez). Consultar: Utrera, *Universidades*, 76-97; Medina, *Biblioteca hispano-americana*, 1, 443 y 536-537; II, 235-236 y 366-367.

39 Valderrama llegó a Santo Domingo en 1607; estuvo de arzobispo un año o poco más: V. Tejera, *Literatura dominicana*, 54-58 y 63-64. Murió antes de 1620: en 1615, según Remesal y Mendiburu. Escribió, según Beristáin, tratados teológicos: no sabemos si se conservan. Consultar: Mendiburu, *Diccionario histórico-biográfico* del Perú.

40 Rodríguez Juárez había sido visitador de los conventos de predicadores en México y el Perú; nombrado arzobispo de Santo Domingo en 1608, llegó en agosto de 1609. Para levantar el nivel de los estudios, daba clases personalmente. En 1611 se le nombró obispo de Arequipa (el primero). En 1613 salió para el Perú y murió el 4 de noviembre, en edad avanzada. Escribió: Oficio en honor de Santo Inés de Monte Policiano.

Consultar: Iacobus Quétif y Iacobus Echard, *Scriptores Ordinis Praedicatorum recensiti*, dos vols., París, 1719-1721 (I II, 389); Mendiburu, *Diccionario histórico-biográfico* del Perú; Tejera, *Literatura dominicana*, 52-55; Utrera, *Universidades*, 62, 82, 94, 99, 157 y 524.

madrileño fray Pedro de Oviedo,[41] antiguo catedrático de teología en la Universidad de Alcalá, comentador, en latín, de Aristóteles y Tomás de Aquino; el benedictino leonés fray *Facundo* de Torres[42] el dominico peñafielense fray Domingo Fernández de Navarrete[43] a quien dio celebridad su visita como misionero a China; el mercedario salmantino fray Fernando de Carvajal y Ribera,[44] fino prosador conceptista en sus admirables cartas.

---

41 Fray Pedro de Oviedo, después de ocupar la Sede Primada entre 1622 y 1628, fue arzobispo en Quito (1632) y en Charcas (1645). Murió el 18 de octubre de 1649, según Álvarez Baena. Escribió *Commentaria in Libros Dialecticae et Physicarum Aristotelis, Commentaria in primam partem Divi Thomae* y *Commentaria in primam secundae Divi Thomae*: se imprimieron, según datos de Beristáin. Se conserva una carta suya al rey, escrita en Santo Domingo el 12 de febrero de 1625. Consultar: José Antonio Álvarez y Baena, Hijos de Madrid..., cuatro vols., Madrid, 1789-1791 (V. IV, 210-211); Utrera, *Universidades*, 97-147 (la carta de 1625 va en págs. 114-116).

42 Fray *Facundo* de Torres, natural de Sahagún, estuvo en Santo Domingo de 1632 a 1640, año en que murió. Publicó *Philosophía moral de eclesiásticos*, en que se trata de las obligaciones que tienen todos los ministros de la Iglesia, desde los primeros grados con que son admitidos, hasta los últimos y superiores, Barcelona, 1621 (Medina, *Biblioteca hispano-americana*, II, 203-204). Se le atribuye el *Tratado De dignitate sacerdotale*. Una carta suya de 1632 transcribe Gil González Dávila en su *Teatro eclesiástico*, donde dice que fue predicador del rey.

43 Fray Domingo Fernández de Navarrete, natural de Peñafiel (1610-1689), había sido catedrático de la Universidad de los dominicos en Manila y misionero en China; arzobispo de Santo Domingo desde 1677 hasta su muerte. Escribió *Tratados históricos, políticos, éticos y religiosos de la monarchía de China*, Madrid, 1676, y *Controversias antiguas y modernas de la misión de la gran China y el Japón*, Madrid, 1679. En su arzobispado redactó una *Relación de las ciudades, villas y lugares de la Isla de Sancto Domingo y Española*, en 1861; la copió en Sevilla don Américo Lugo y la ha publicado con útiles notas, don Emilio Tejera en la revista *Clío*, de Santo Domingo, 1934, II, 91-95. Existe impresa, además, la *Synodo diocesana del arzobispado de Sancto Domingo celebrada por fray Domingo Fernández de Navarrete en el año 1683, día V de noviembre*, Madrid, s. a. (siglo XVIII), 119 págs. Consultar: Medina, *Biblioteca hispano-americana*, III, 234-238 y 265; VI, 79 y 280, y VII, 58; Utrera, *Universidades*, 197-199, 376 y 524 (¿se equivoca el padre Utrera al fijar su muerte en 1686?).

44 Fray Fernando de Carvajal y Rivera (1633-1701) había sido vicario general de la Orden de la Merced en Lima (hacia 1673) antes que arzobispo de Santo Domingo. Don Américo Lugo da a conocer parte de sus cartas en sus notas sobre la *Historia eclesiástica* de Nouel. Está impreso en folleto del siglo XVII su *Memorial al Consejo de Indias sobre su ida de Santo Domingo a España en 1691* (V. Medina, *Biblioteca hispano-americana*, VI, 48-49). Consultar: fray Ignacio Ponce Vaca, *Panegírico fúnebre en las honras que la más célebre Atenas del Mundo*, la Universidad de Salamanca, celebró por la muerte de su ilustrísimo hijo el señor don fray Fernando de Carvajal y Rivera, Salamanca, 1701; fray Gregorio Vázquez, «Notas biográficas del ilustrísimo y Rvdmo. señor Fernando de Carvajal y Rivera», en la revista española *La Merced*, 24 de febrero de 1927; fray Pedro Nolasco Pérez, Los obispos de la Orden de la Merced en América, Santiago de Chile, 1927, págs. 329-410 (contiene cartas suyas).

En el siglo XVIII, fray Francisco del Rincón[45] el doctor Domingo Pantaleón Álvarez de Abreu,[46] educador y organizador; el agustino mexicano fray Ignacio de Padilla y Estrada,[47] el dominico ciudarealeño fray Fernando Portillo y Torres.[48]

Las dos grandes obras de Las Casas son la *Historia de las Indias* y la *Apologética historia de las Indias*. La primera, que comprende los años de 1492 a 1520 (terminada hacia 1561 —según Gondí, 1559—: libro III, cap. 100, no pudo llevarse hasta 1540, según la intención), se publicó en cinco vols., Madrid, 1875-1876, tomos 62-66 de la *Colección de documentos inéditos para la historia de España* (en el tomo 61 está la *Destruición*); se ha reimpreso en tres vols., Madrid, S. A. (c. 1928), con prólogo de Gonzalo de

---

45 Fray Francisco del Rincón, natural de Valladolid, pertenecía a la Orden de los religiosos mínimos de San Francisco de Paula. Electo obispo de Santo Domingo en 1705, según Alcedo; se le trasladó a Caracas en 1711.

46 Álvarez de Abreu (m. 1763), natural de la Isla de Palma, en las Canarias; doctorado en Ávila (cánones); arzobispo de Santo Domingo de 1738 a 1743; después obispo de Puebla, en México, donde hizo grande obra de cultura. Beristáin lo elogia como autor de Edictos, Ordenanzas y Cartas pastorales, especialmente la relativa a la secularización de curatos y doctrinas, Puebla, 1750. Redactó una Compendiosa noticia de la Isla de Santo Domingo, como resultado de su visita pastoral, en 1739: la encontró don Américo Lugo y la ha publicado don Emilio Rodríguez Demorizi en *Clío*, 1934, II, 95-100.

47 Fray Ignacio de Padilla y Estrada nació en México, 1696, y murió en Yucatán, 1761; su padre había nacido en Santo Domingo; su abuelo, el célebre oidor Juan de Padilla Guardiola. Gran impulsor de la instrucción.
Consultar: Elogios fúnebres con que la Real y Pontificia Universidad de México explicó su dolor y sentimiento en las solemnes exequias que en los días 23 y 24 de octubre de 1761 consagró a la buena memoria del ilustrísimo y Rvmo. señor don fray Ignacio de Padilla y Estrada..., México, 1763 (uno de esos elogios, de Teodoro Martínez Lázaro, corre también suelto); Humberto Tejera, Cultores y forjadores de México, México, 1929 (erróneamente llama al arzobispo José Antonio); Utrera, *Universidades*, 228-229 y 366-369, y don Juan de Padilla Guardiola y Guzmán, Santo Domingo, 1930.

48 Portillo y Torres (1728-1803) estuvo en Santo Domingo de 1789-1798; se le trasladó a Bogotá como arzobispo. Se conoce de él la *Oración fúnebre...*, en las honras... procuradas y presenciadas por el Exmo. Señor Teniente General don Gabriel de Aristizábal, comandante de la Real Escuadra, surta en la próxima Bahía de Ocoa, y nombrado por SM, para evacuar en ella la recién cedida Isla Española y transportar sus pueblos y habitantes a la Isla de Cuba, que se celebraron el día 21 de diciembre de 1795, por el Almirante don Cristóbal Colón, con motivo de la traslación de sus restos (proximidad de Ocoa), parecería que fue en Santo Domingo. Se ha reimpreso en el Boletín de la Academia de la Historia, Madrid, XIV, 399 y sigs.
De él se conserva en el Archivo de Indias (Estado, Santo Domingo, Legajo 11) una carta, desde Santo Domingo, 9 de junio de 1796, «sobre los progresos de un libelo revolucionario»: debe de referirse a la circulación de algún libro francés de «ideas avanzadas».
Consultar: Utrera, *Universidades*, 399, 441, 444, 526 y 577; Tejera, *Literatura dominicana*, 93-94.

Reparar. Parte de la *Apologética* se había impreso en el tomo V de la *Historia* en 1876; la obra completa se publicó en Madrid, 1909 (Nueva *Biblioteca de Autores Españoles*, XIII).

Las biografías mejor conocidas de Las Casas son la admirable de Quintana, en sus *Vidas de españoles célebres* (1833) y la de Antonio María Fabié, *Vida y escritos del Padre fray Bartolomé de las Casas...*, Madrid, 1879 (tomo LXX de la *Colección de documentos... De España*). Recientes son las de Francis Augustus MacNutt, *Bartholomew de Las Casas*, Nueva York y Londres, 1909, y Marcel Brion, *Bartolomé de las Casas*, «pere des Indiens», París, 1927. Trato de él como retratista en mi artículo «Paisajes y retratos», en *La Nación*, de Buenos Aires, 31 de mayo de 1936.

VI. Religiosos

Fuera de los prelados, y de los religiosos residentes en conventos, hubo en Santo Domingo gran número de hombres de iglesia aficionados a escribir.

Uno de los tres frailes jerónimos a quienes el Cardenal Jiménez de Cisneros encomendó en 1516 el gobierno de las Indias, fray Alonso de Santo Domingo,[49] el compañero de fray Luis de Figueroa o de Sevilla y de fray Bernardino de Manzanedo o de Coria, había tomado «a su cargo hazer alguna memoria de los frayles de su casa» en España, según noticia del grande escritor fray José de Sigüenza, quien hizo uso de sus datos.

En aquellos tiempos de inquietud estuvo en la isla (1512) el padre Carlos de Aragón,[50] acaso pariente de reyes, doctor en teología por la Universidad de París, predicador ruidoso, que atraía grandes auditorios. Sus aficiones a la novedad, sus arrogancias antiescolásticas, como aquella de «Perdone Santo

---

[49] Sobre fray Alonso de Santo Domingo, consultar: fray José de Sigüenza (c. 1544-1606), *Historia de la Orden de San Jerónimo*, dos vols., Madrid, 1907-1909 (Nueva *Biblioteca de Autores Españoles*, VIII y XII). Parte II (es la Segunda Parte de la *Historia*, pero la tercera de la obra completa, que comienza con la *Vida de San Jerónimo*), libro 1, caps. 25 y 26, donde habla de los frailes jerónimos en Santo Domingo, y libro II, cap. 3, donde da breve biografía particular de fray Alonso, cuyo cargo en España era el de prior del convento de San Juan de Ortega.
Juan de Castellanos, en sus *Elegías* (Canto II de *Elegía* V de la Primera Parte), lo llama fray Domingo de Quevedo: ¿sería Quevedo su apellido de seglar? Fray Alonso, como sus hermanos de religión, usaba el nombre del lugar de su nacimiento: procedía de Santo Domingo de la Calzada, en Logroño.
Largamente hablan de los padres jerónimos Las Casas en su *Historia*, libro III, págs. 86 a 94, 137 y 155; Oviedo en su *Historia*, libro III, cap. 10, y libro IV, cap. 2; Herrera en su *Historia de los hechos de los castellanos en las Islas y Tierra Firme del Mar Océano*, Década II, libro II, caps. 3-6, 12, 15, 16 y 21. Parte de sus relaciones dirigidas a la corona se hallan en la *Colección de documentos...*, del Archivo de Indias, I, 247-253, 264-289, 298-304, 347-353, y 357-368, XXXIV, 191-229, 318 y 329-331, y en *Orígenes de la dominación española en América*, de Manuel Serrano y Sanz, I, Madrid, 1918 (Nueva *Biblioteca de Autores Españoles*, XXV), págs. 239-350, rectificando errores de Sigüenza y ensayando, generalmente en vano, rectificar a Las Casas.

[50] Sobre el padre Carlos de Aragón, consúltese Las Casas, *Historia de las Indias*, libro III, cap. 35. De Las Casas procede todo lo que dicen Herrera en sus Décadas, Nouel en su *Historia Eclesiástica*, Medina en su *Primitiva Inquisición americana*. He tocado el tema en mi artículo «Erasmistas en el Nuevo Mundo», publicado en el diario *La Nación*, de Buenos Aires, 8 de diciembre de 1935. Allí se indica que el fray Diego de Victoria perseguidor del padre Aragón, a quien Las Casas menciona como hermano del gran teólogo y jurista fray Francisco de Victoria, es fray Pedro, el enemigo de los erasmistas. No es probable que el padre Aragón fuese erasmista: la fecha de 1512 resulta demasiado temprana para el erasmismo español; Las Casas no explica en qué consistían sus rasgos de heterodoxia: solo dice que tenían reverencia por su maestro «el doctor Ioannes Maioris», el filósofo escocés John Mair (1469-1547), a quien probablemente oyó en París, y que afirmaba, «en ciertas materias, no ser pecado mortal lo que lo era».

Tomás, que no supo lo que dijo», lo hicieron caer en manos de la Inquisición de España, donde se le condenó a reclusión perpetua.[51]

Después hay que anotar la visita de Micael de Carvajal,[52] el buen poeta de la *Tragedia Josefina* y del auto de *Las cortes de la muerte*; cuyo final compuso Luis Hurtado de Toledo; Cristóbal de Molina,[53] el probable autor de la dramática *Conquista y población del Perú*; fray Martín Ignacio de Loyola,[54] francis-

---

[51] El señor Trelles menciona como autor de «Relaciones históricas de América» al bachiller Álvaro de Castro, deán de la iglesia de la Concepción de La Vega, después vicario e inquisidor para la isla. Solo conozco de él la Relación o carta, dirigida al Emperador, conjuntamente con el oidor Lucas Vázquez de Ayllón, de 1522 o 1523 (colección de documentos..., del Archivo de Indias, XXXIV, 111 y sigs.).

[52] Micael o Miguel de Carvajal estaba en Santo Domingo en 1534; para entonces ya había escrito o estaría escribiendo la *Tragedia Josefina*, que se imprimió en 1535, una de las grandes obras del teatro español Antenor a Lope de Vega. Era —salvo que la identificación falle— natural de Plasencia, donde debió de nacer hacia 1490; su tío Hernando de Carvajal le confiere, en Santo Domingo, en documento de 14 de octubre de 1534, el patronazgo de la capellanía que había instituido en 1528, para la iglesia de San Martín, en Plasencia. Miguel no tomó posesión hasta 1544: V. Narciso Alonso Cortés, Miguel de Carvajal, en la *Hispanic Review*, de la Universidad de Pensilvania, Filadelfia, 1933, I, 141-148. Hernando de Carvajal es el hidalgo plasentino que fue en Santo Domingo teniente del gobernador designado por Diego Colón; su hijo, nacido allí, a quien se le llamaba don Fernando, fue catedrático de la Universidad de Gorjón: Utrera, *Universidades*, 82, 94, 514 y 527.

Hay excelente edición de la *Tragedia Josefina*, con estudio y notas del profesor Joseph E. Gillet, Princeton University, 1932; utiliza los cuatro textos del siglo XVI (1535, 1540 y dos de 1545). Manuel Cañete había reimpreso y prologado la *Tragedia* en 1870 (Madrid, Sociedad de Bibliófilos Españoles, VI). El *Auto de las Cortes de la Muerte* figura en el *Romancero y Cancionero sagrados*, edición Justo de Sancha, 1855 (*Biblioteca de Autores Españoles*, XXXV). Extensamente trata de Carvajal Menéndez y Pelayo en sus *Estudios sobre Lope de Vega*, 1, 26, 128 y 165-175.

[53] A Cristóbal de Molina (1494-c. 1578) se le llama el de Santiago o el almagrista para distinguirlo de su contemporáneo el del Cuzco. La obra que le atribuye José Toribio Medina, *Conquista y población del Perú*, se publicó en Santiago de Chile, 1873, con introducción de Diego Barros Arana, como parte de la *Colección de documentos* inéditos relativos a la historia de América, anexa al periódico *Sud América*.

Consultar: José Toribio Medina, *Historia de la literatura colonial de Chile*, en tres vols., Santiago de Chile, 1878 (V. tomo II, 7-9), y *Diccionario-biográfico colonial de Chile*, Santiago, 1906; Bernard Moses, *Spanish colonial literature in South America*, Nueva York, 1922, págs. 71 a 73.

[54] El *Itinerario del Padre Custodio*, fray Martín Ignacio, o *Itinerario del Nuevo Mundo*, en la forma actual en que lo poseemos fue redactado en parte por el célebre agustino fray Juan González de Mendoza (1545-1618), que en sus muchas andanzas debió de tocar también en Santo Domingo. «Mi intención —dice el padre Mendoza— es decir por vía de itinerario lo que el dicho Padre Custodio, fray Martín Ignacio me comunicó de palabra y escrito había visto y entendido en la vuelta que dio al mundo, y otras (cosas) que yo mesmo en algunas partes del he experimentado.»

Fray Martín Ignacio es uno de los «religiosos descalzos de la Orden de Sant Francisco que lo anduvieron todo (el Nuevo Mundo) el año de 1584». El Itinerario constituye, con portada especial, el libro III de la Segunda Parte de la *Historia de las cosas más notables, ritos y costumbres del gran reino de la China*, que el padre González de Mendoza formó con materiales propios y ajenos y que

cano, que en su Itinerario, leído en toda Europa a fines del siglo XVI, describe brevemente la isla (las cosas en que se detiene son el cazabe, los tiburones y la historia del cacique Hatuey);[55] Bernabé Cobo,[56] cuya *Historia del Nuevo Mundo* contiene valiosas descripciones de multitud de animales, plantas y minerales; el padre José de Acosta,[57] el mejor de los naturalistas españoles que en el siglo XVI describieron la fauna y la flora del Nuevo Mundo, y Juan

tuvo extraordinaria difusión —más de cuarenta ediciones— en los siglos XVI y XVII, pero olvidada en nuestros días. Se imprimió en Roma, 1585 (el Itinerario ocupa las págs. 341-440); se reimprimió, siempre con el itinerario, en Valencia, 1585; en Madrid, 1586; en Barcelona, 1586; en Zaragoza, 1588; en Medina del Campo, 1595; en Amberes, 1596. Fue traducida al italiano por Francesco Avanzo, Roma, 1586 (dos ediciones), Génova 1586 y 1587; Venecia, 1586, 1587, 1588, 1590 y 1608; extractada por Giuseppe Rosario, en Bolonia, hacia 1589, con reimpresiones de Florencia, 1589, y Ferrara, 1589 (dos ediciones) y 1600. Del italiano al alemán, Francfort del Meno, 1589; Leipzig, 1597; Halle, 1598. Según Nicolás Antonio, hay otra versión alemana de Francfort, 1585. Del alemán al latín, por Mark Henning, Francfort, 1589; Amberes, 1595; Francfort, 1589; Maguncia, 1600, reimpresa en 1665 y 1674. Otra traducción latina, de Ioachimus Brulius, directa del español, Amberes, 1655. Del latín al francés, sin lugar, 1606; Ginebra, 1606; Lion, 1608; Ruan, 1618. Del español al inglés, por R. Parke, Londres, 1588; reimpresa en dos vols., por la Hakluyt Society, Londres, 1853-1854.
Del italiano al holandés, Ámsterdam, 1595; Delft, 1656.
Consultar: Medina, *Biblioteca hispano-americana*, I, 457, 459, 473-474, 482, 531 y 542-555; VI, 510.
No sabemos si visitaría la isla el fantaseador viajero Pedro Ordóñez de Ceballos, andaluz de Jaén (c. 1550 después de 1616): es probable que no, porque toma del Itinerario de fray Martín Ignacio lo que dice de ella en la *Historia y viaje del mundo del clérigo agradecido*, Cuenca, 1616 (reimpresa en *Autobiografías y memorias*, Madrid, 1905, Nueva *Biblioteca de Autores Españoles*, II).

55 Hubo de visitar la isla en el siglo XVI fray Pedro de Aguado, autor de la *Historia de Venezuela* (1581), dos vols., Caracas, 1915, y de la *Historia de Santa Marta y Nuevo Reino de Granada*, dos vols., con notas de Jerónimo Bécker, Madrid, 1916.

56 El padre Bernabé Cobo, jesuita, dice en el prólogo de su *Historia del Nuevo Mundo*, escrito en 1653: «y así, habiendo llegado yo a la Isla Española el... año de 96 (1596) a los noventa y nueve años de la fundación de la... ciudad de Santo Domingo (en realidad, a los cien años justos), bien se verifica que entré en estas Indias en el primer siglo de su población». Al Perú llegó probablemente en 1600, «a los sesenta y ocho años de su conquista»: es de suponer que la cuenta como realizada en 1532. Su *Historia* se publicó en cuatro vols., Sevilla, 1890, 1895, bajo el cuidado del eminente americanista Marcos Jiménez de la Espada. Escribió además una *Historia Peruana*, 1880; el señor Levillier señala otra edición de Lima, 1882 (¿o es tirada aparte de la publicación hecha en la revista?).

57 Visitó la isla, probablemente poco después de 1571, año en que salió de España hacia América, el jesuita José de Acosta (1539-1599), autor de la famosa *Historia natural y moral de las Indias*, publicada en latín en 1589 (*De natura Noui Orbis...*) y en español en 1590. Edición moderna: dos vols., Madrid, 1894. En uno de sus escritos menores, la *Historia*, de Madrid, 1899, XXXV, 226-257), cuenta las andanzas de Bartolomé Lorenzo, de 1562 a 1571, por Santo Domingo y otras partes de América.
Consultar: José Rodríguez Carracido, *El padre José de Acosta y su importancia en la literatura científica española*, Madrid, 1899 (V. pág. 37).

de Castellanos.[58] No sabemos cuándo estuvo en Santo Domingo el incansable autor de las *Elegías de varones ilustres de Indias*, el más largo poema de nuestro idioma y uno de los menos poéticos, pero de los más animados como narración; a la historia de la isla dedica las cinco primeras elegías de la primera Parte del poema, y se ve que conocía bien la ciudad capital, porque la describe con rasgos de impresión personal (Elegía V, canto 1):

> Hiciéronse las casas con estremos
> de grandes y soberbios edificios,
> iglesia catedral de gran nobleza,
> fuente (¿fuerte?) y esclarecida fortaleza...
> Está su poblazón tan compasada,
> que ninguna sé yo mejor trazada...
> Amplias calles, graciosas, bien medidas...
> De norte a sur Ozama la rodea;
> combátela la mar a mediodía
> con un roquedo tal y tan seguro,
> que no puede formarse mejor muro...
> ya por la parte del poniente
> la cerca potentísima muralla...
> con huertos, con jardines y heredades
> de frutos de cien mil diversidades...
> Hay una natural magnificencia,
> de gente forastera conocida,

---

[58] La *Primera Parte de las Elegías de varones ilustres de Indias*, de Juan de Castellanos (1522-c. 1607), se imprimió en Madrid, 1589. Las Partes I, II y III salieron juntas en Madrid, 1847 (*Biblioteca de Autores Españoles*, IV). La Parte IV se publicó, bajo el título de *Historia del Nuevo Reino de Granada*, con prólogo de Antonio Paz y Melia, en dos vols., Madrid, 1886-1887 (Colección de Escritores Castellanos, XLIV y XLIX). Posteriormente, don Ángel González Palencia ha publicado (Madrid, 1921) el *Discurso del Capitán Francisco Drake*, que pertenecía a la Tercera Parte y había sido suprimido; describe la expedición inglesa contra Santo Domingo y Cartagena. Hay nueva edición de la obra completa: *Obras*, con prólogo del doctor Caracciolo Parra, dos vols., Caracas, 1932. Castellanos dice que estuvo en Santo Domingo, por lo menos al hablar de Ampíes (Elegías, 183).

Consultar: Miguel Antonio Caro, Juan de Castellanos, artículo publicado en la revista *Repertorio Colombiano*, de Bogotá, y recogido en el tomo II de sus *Estudios literarios* (III de las Obras), Bogotá, 1921, págs. 51-88; Marcelino Menéndez y Pelayo, *Historia de la poesía hispano-americana*, II, 7-21; Raimundo Rivas, Los fundadores de Bogotá, Bogotá, 1923.

pues allí sin dinero y sin renta
en el punto que trajo se sustenta...

En el siglo XVII hace larga visita a Santo Domingo el gran poeta hispanomexicano Bernardo de Valbuena, de quien juzga Menéndez y Pelayo que «hasta por las cualidades más características de su estilo es en rigor el primer poeta genuinamente americano, el primero en quien se siente la exuberante y desatada fecundidad genial de aquella pródiga naturaleza».

Quintana dice que su poesía, «semejante al Nuevo Mundo, donde el autor vivía, es un país inmenso y dilatado, tan feraz como inculto, donde las espinas se hallan confundidas con las flores, los tesoros con la escasez, los páramos y pantanos con los montes y selvas más sublimes y frondosas». Estas identificaciones de Valbuena con el paisaje y la vida de América resultan curiosas, si se piensa que el poeta se educó en la altiplanicie mexicana, donde la altura atenúa y suaviza el esplendor torrencial del trópico, y en ciudad muy pulida, como siempre lo ha sido México, cuyo tono de discreción y mesura se reflejaba en el teatro de Ruiz de Alarcón. De todos modos, Valbuena[59]

---

[59] Valbuena (c. 1562-1627), que escribía su nombre Balbuena, nació en Valdepeñas; se educó en México, donde fue llevado en la infancia (probablemente desde los tres años de edad; aun se ha creído que naciera allí; de todos modos, su padre había estado en México antes de nacer él y estaba de nuevo en España en 1564); ya adulto, estuvo en Europa, durante poco tiempo; pasó sus últimos veinte años, o poco menos, en las Antillas: en 1608 se le nombró abad de Jamaica, «en cuyas soledades estuvo como encantado», y en agosto de 1619, obispo de Puerto Rico. Apolinar Tejera, *Literatura dominicana*, 45-52, habla de su presencia en el Concilio Provincial celebrado en Santo Domingo en 1622-1623. El Concilio se abrió el 21 de septiembre de 1622; consta que en 23 de octubre Valbuena bautizó a una hija del alcaide Juan de la Parra; en 4 de febrero de 1623 firmó con el arzobispo de Santo Domingo fray Pedro de Oviedo, el obispo de Venezuela y los representantes del obispo de Cuba y del abad de Jamaica, los documentos relativos a la terminación del Concilio, cuyo texto tradujo del español al latín. Pero, además, el profesor John Van Horne, en *Documentos del Archivo de Indias referentes a Bernardo de Valbuena*, Madrid, 1930, da noticia de que Valbuena había llegado de Cuba a Santo Domingo, quizás sin ir todavía a Puerto Rico, a fines de 1621 o en enero de 1622. No sabemos si entre el mes de enero de 1622 y el mes de septiembre, en que comenzó el Concilio, Valbuena estuvo en Puerto Rico. Según Alcedo, no tomó posesión de su obispado hasta fines de 1623.

Las obras de Valbuena, a pesar de su calidad excepcional, tienen pocas ediciones. El poemita descriptivo en ocho cantos *La grandeza mexicana*, con obras breves en prosa y verso —una de ellas el *Compendio apologético en alabanza de la poesía*—, se publicó en México, 1604; la Sociedad de Bibliófilos Mexicanos ha reproducido facsimilarmente la edición príncipe en México, 1927. La novela pastoril *Siglo de Oro en las selvas de Erífile* se publicó en Madrid, 1607 (no 1608); el vasto poema caballeresco *El Bernardo o Victoria de Roncesvalles*, en Madrid, 1624. La Academia Española reimprimió *Siglo de oro...*, en 1821, con *La grandeza mexicana*; el poemita, solo se representa en la literatura española una manera nueva e independiente de barroquismo, la porción de América en el momento central de la espléndida poesía barroca, cuando florecían Góngora y Carrillo Sotomayor, de Córdoba, Rioja en Sevilla, Pedro Espinosa y su grupo de las *Flores de poetas ilustres* en Antequera y Granada, Ledesma y Quevedo en Castilla. Su barroquismo no es complicación de conceptos, como en los castellanos, ni complicación de imágenes, como en los andaluces, de Córdoba y Sevilla, sino profusión de adorno, con estructura clara del concepto y la imagen, como en los altares barrocos de las iglesias de México: aquí sí existe curiosa coincidencia. Su imaginación inventa poco y se contenta con manejar los materiales que le da el estilo poético español de su tiempo, con sus tradiciones latinas e italianas;

---

reimprimió también en Nueva York, 1828, Madrid, 1829 (nueva portada en 1837), y México. *El Bernardo* se reimprimió en tres vols., Madrid, 1807, y en la *Biblioteca de Autores Españoles*, XVII, Madrid, 1851, colección de *Poemas épicos*: hay, además, tirada aparte como edición suelta.

Estudian a Valbuena: Quintana, en el prólogo y notas de su colección de *Poesías selectas castellanas*, Madrid 1807, refundida en 1830-1833 y reimpresa después con el título de *Tesoro del Parnaso español*, y en el discurso preliminar de *La musa épica*, Madrid, 1830; Manuel Fernández Juncos, don Bernardo de Valbuena, San Juan de Puerto Rico, 1884; M. Menéndez y Pelayo, *Historia de la poesía hispano-americana*, I, págs. 51-62 y 331-333, y Estudios sobre el teatro de Lope de Vega, III, 156-162 y VI, 299-301; José Toribio Medina, *Escritores hispanoamericanos celebrados por Lope de Vega en el «Laurel de Apolo»*, Santiago de Chile, 1924 (V. págs. 49-80); John Van Horne, *«El Bernardo» of Bernardo de Valbuena*, Urbana, 1927 (Universidad de Illinois), y «El nacimiento de Bernardo de Valbuena», en la *Revista de Filología Española*, de Madrid, 1933, XX, 160-168.

Entre las obras que Valbuena perdió, según noticias, en el asalto de los holandeses a Puerto Rico en 1625, había una *Descripción*, en verso, de aquella isla (si no es error de Alcedo, pensando en *La grandeza mexicana*). Las referencias al Nuevo Mundo abundan en *El Bernardo*, generalmente en forma de profecías: V. en el tomo XVII de la *Biblioteca de Autores Españoles*, las págs. 143, 154, 315, 331-332, 336-337, 339-340, 344. Valbuena se menciona a sí mismo, no solo en la pág. 156, a propósito del nombre Bernardo, sino también en la 332, dice del volcán mexicano de Jala que «ahora con su roja luz visible de clara antorcha sirve a lo que escribo», y en la pág. 340, canto XIX, donde dice que «el sacro pastoral báculo espera» al autor en Jamaica, rimando con rica y multiplica (de igual modo acentúa Juan de Castellanos, Elegías, pág. 42): ¿habrá pasado Valbuena de México a Jamaica entre el canto XVIII y el XIX, o la proximidad del volcán de Jala será fantasía? Él dice en su prólogo haber terminado el poema cerca de veinte años antes de 1624, de modo que la referencia a Jamaica pudo agregarla en los retoques.

Como se sabe, Valbuena no habla de plantas de América sino de plantas europeas, no todas conocidas quizá entonces en el Nuevo Mundo, en los cantos V y VI de *La grandeza mexicana* (los poetas que escribían entonces en América estimaban que el ornamento botánico no debía ceñirse a normas de color local sino a tradiciones clásicas); con mayor razón en Siglo de oro, cuyo escenario es una vaga Arcadia. Es curioso que en *El Bernardo* cite por lo menos (pág. 331) «los vergeles que el cacao señala por el rico Tabasco y Guatemala». Dos cartas, con descripciones interesantes, una de Jamaica, julio de 1611, y otra de Puerto Rico, noviembre de 1623, publica el profesor Van Horne en Documentos..., referentes a... Valbuena.

pero cuando inventa no es inferior a ninguna: los «hombros de cristal y hielo» del mar, «las olas y avenidas de las cosas», el alazán «hecho de fuego en la color y el brío», el doncel «de alegres ojos y de vista brava»; o la estupenda descripción de la salida del Sol sobre el mar: «Tiembla la luz sobre el cristal sombrío»; o la del cisne que corre y se aleja sobre el agua y «al suave son de su cantar se pierde».[60] [61]

A fines del siglo XVII, reside en Santo Domingo el predicador y poeta mexicano Diego González;[62] en el siglo XVIII, el docto teólogo franciscano fray Agustín de Quevedo Villegas,[63] pariente de Quevedo el grande, y los elocuentes predicadores cubanos Francisco Javier Conde y Oquendo,[64] que

---

[60] En 1613 estuvo en Santo Domingo el historiador fray Pedro Simón. Nacido en 1574, en La Parrilla, de Cuenca, llegó a Nueva Granada en 1604 y escribió *Noticias historiales de las conquistas de Tierra Firme en las Indias Occidentales*, cuya primera parte se publicó en Cuenca, 1626, y se reprodujo en Bogotá, 1882, completándose con cuatro nuevos tomos en Bogotá, 1891-1892; una parte se ha traducido al inglés, *The expedition of Pedro de Ursúa and Lope de Aguirre*, Hakluyt Society, Londres, 1861. Se le considera el mejor historiador para la Nueva Granada del siglo XVI.

[61] A principios del siglo XVII, estuvo en Santo Domingo, como familiar del arzobispo Oviedo, el padre Juan Bautista Maroto, Bernardo; predicó y enseñó.
Consultar: Utrera, *Universidades*, 98-101, 107-109.

[62] Según don Humberto Tejera, *Cultores y forjadores de México*, México, 1929, el padre Diego González pasó como «Visitador General a la Provincia de Santo Domingo o Isla Española de entonces». ¿Sería fraile dominico y visitador de su Orden? Había nacido antes de 1620 y murió en 1696. Se estrenó «como poeta durante el tiempo de sus estudios escolásticos y descolló como orador religioso... De Santo Domingo pasó a España y regresó a México, donde publicó algunas obras eruditas y el Itinerario de su viaje». ¿Se referirá a él el Memorial impreso en Madrid, s. a. (siglo XVII), sobre la remisión a España de fray Diego González, provincial de los dominicos en México, en 1658?

[63] El doctor fray Agustín de Quevedo Villegas, probablemente venezolano —en Venezuela estudió y fue lector y definidor de su provincia franciscana—, pertenecía a la rama americana de la familia del gran escritor español, a la cual perteneció en el siglo XIX el poeta José Heriberto García de Quevedo. En Santo Domingo no sabemos si viviría en el convento franciscano; fue examinador sinodal del arzobispado. Escribió *Opera theologica super Lib. Sententiarum iuxta puriorem mentem Subtilis Doctoris Ioannis Scoti*, en dos vols., Sevilla, 1752-1753.
En aquel siglo hubo en Santo Domingo otro Padre Agustín de Quevedo Villegas (1740-1771): era nacido allí, de padre dominicano, y fue presbítero y catedrático universitario (Utrera, *Universidades*, 357 y 519).

[64] El doctor Francisco Javier Conde y Oquendo (1733-1799), habanero, además de sacerdote era abogado de las Audiencias de Santo Domingo y México; en 1775 se trasladó a España; después pasó a México, donde murió (en Puebla). Sus obras impresas son: el *Sermón u Oración genetliaca, en La Habana, al nacimiento del Infante Claudio Clemente*, Madrid, 1772; *Elogio de Felipe V, premiado por la Academia Española*, Madrid, 1779 (hay tres ediciones); *Oración fúnebre en unas exequias militares*, México, 1787; *Oratio in exequiis Serenissime Regis Caroli III*, México, 1789; *Disertación histórica sobre la aparición de la imagen... de Guadalupe*, dos vols, México, 1852-1853. Escribía versos. Dejó manuscritos inéditos, entre ellos uno que sería interesante descubrir: *Disertación histórica crítica sobre la oratoria española y americana*.

gozó de fama en España y México, y José Policarpo Sanmé, cuyo sermón de la nube, en nuestra Catedral, se comentó largamente.

Consultar: Juan Sempere y Guarinos, *Ensayo de una biblioteca española de los mejores escritores del reinado de Carlos III*, en seis vols., Madrid, 1785-1789 (V. tomo II, 226); Aurelio Mitjans, *Historia de la literatura cubana*, La Habana, 1890, segunda edición, Madrid, sa. (1918): V. págs. 65-66 de la madrileña; Trelles, *Ensayo de bibliografía cubana de los siglos XVII y XVIII*.

VII. Seglares

Entre los hombres de acción que estuvieron en Santo Domingo durante la media centuria que siguió al Descubrimiento, no pocos tomaban la pluma, siquiera fuese para redactar informaciones sobre cosas y casos de América: así, el tesorero Miguel de Pasamonte,[65] el oidor Lucas Vázquez de Ayllón[66]

---

65   El aragonés Miguel de Pasamonte: tesorero de la Isla Española desde 1508 hasta su muerte en 1526; personaje de mucha significación en la política local. «Persona veneranda, de grande cordura, prudencia, experiencia y autoridad», lo llama el padre Las casas. «Hombre de auctoridad y experiencia en negocios, docto e gentil latino, honesto e apartado de vicios», dice Oviedo. Uno y otro cuentan que observaba castidad de ermitaño.
El señor Trelles, en sus apuntes de bibliografía dominicana, apéndice de su *Ensayo de bibliografía cubana*, le atribuye *Relaciones de la Isla Española*, en manuscrito: no sé de dónde toma el dato. En el tomo I de la *Colección de documentos...* del Archivo de Indias hay muchos que firma Pasamonte en unión de otros funcionarios y dos cartas personales suyas, págs. 289-290 y 414-415: la segunda, muy interesante, revela sus aficiones: es de 1520 (por error se ha impreso 1529), y en ella le habla a Lope de Conchillos, el secretario del Consejo Real, paisano y valedor suyo, de la guerra de las comunidades: «Las revueltas de ahí me quitan las ganas de ir: ya soy viejo para el arnés. Vuestra Merced consérvese con mucha prudencia e lea la crónica del rey don Juan de Castilla que nuevamente se ha imprimido (1517), que hay en ella muchas cosas que podrán servir en estos tiempos. La crónica que yo al presente leo es la Biblia e Lactancio Firmiano» y, además, tomo XXXI, 412-414, 432-435, 440-442, 446-448, 513-518, 529-532; tomo XXXII. 96-100, 118-119, 122-123, 153-163, 219-221, 231-235, 340-342; tomo XXXIV, 232-234 (carta), 235-236, 267-278, 319-321 (carta) y 321-329; XXXV, 244-247 (carta); XXXVI, 402-404, y XL, 288 (se le menciona como difunto en 1527) y 398 (se refiere a él su sobrino Esteban de Pasamonte, que le sucedió en el cargo de tesorero).
Consultar: Las Casas, *Historia*, libro II, caps. 42, 51 y 53; libro III, caps. 5, 19, 36, 37, 39, 46, 84, 93 y 157; Oviedo, *Historia*, libro III, caps. 10 y 12; libro IV, caps. 1 y 8; libro X, cap. 11; Félix de Latassa, *Biblioteca nueva de escritores aragoneses*, 1802, refundido con la *Antigua* por Miguel Gómez Uriol, en tres vols., Zaragoza, 1884-1886.

66   El licenciado Lucas Vásquez de Ayllón, toledano, llegó a la Española en tiempos de Ovando, hacia 1503; volvió y fue oidor muchos años, desde la fundación de la Audiencia en 1511; pasó a Cuba y a México (1520) para dirimir los conflictos entre Velázquez y Cortés; murió en una expedición a la Florida en 1526. Escribió cartas y memoriales: uno, de 1521, se dice que está en la *Colección Muñoz*, tomo LXXVI, folios 253 y sigs.; a propósito del padre Álvaro de Castro quedó mencionada una carta que ambos escribieron en 1522 y 1523. Con él se relacionan documentos de la *Colección...* del Archivo de Indias, I, 413, 416-417, 427 (también págs. 259 y 360); XI, 439-442; XII, 251-253; XIII, 332-348; XIV, 503-516; XXIV, 235-236, 321-328 y 557-567; XXXV, 241-244 (carta de 8 de enero de 1520) y 547-562 (información sobre la Florida, 1526); XXXVI, 428-430; además, V, 534 y sigs.
Consultar: Las Casas, *Historia*, libro II, caps. 40, y 53; libro III, caps. 19 y 157; Oviedo, *Historia*, libro IV, caps. 2, 4, 5 y 8; libro XVI, cap. 15; libro XVII, cap. 26; libro XXXVII, caps. 1 y 3; libro L; Bernal Díaz del Castillo, *Conquista de la Nueva España*, caps. 109, 112 y 113; Castellanos, *Elegías*, 47 y 72.

el honesto juez Alonso de Zuazo,[67] el gobernador Rodrigo de Figueroa,[68] el

---

[67] El licenciado Alonso de Suazo (1466-1539), natural de Segovia (según informan Las Casas y Henríquez de Guzmán; no de Olmedo, como dice Calcagno), graduado en Salamanca (donde dice que estudió veinte años); murió siendo oidor en Santo Domingo, adonde había llegado en 1517 para colaborar con los frailes jerónimos en la resolución de los problemas políticos de las Indias. En Cuba, adonde fue como juez de residencia de Diego Velázquez (1521-1522), escribió una *Carta a fray Luis de Figueroa*, el jefe de los jerónimos, o *Memoria sobre la condición de los indios en Santo Domingo y Cuba*, que el gran investigador mexicano Joaquín García Icazbalceta publicó en su *Colección de documentos* para la historia de México, I, México, 1858. García Icazbalceta menciona también una *Memoria sobre las crueldades de los conquistadores en Santo Domingo*: tal vez sea la carta a Chiévres que enseguida se indica. En la *Colección de documentos...* del Archivo de Indias, I, 292-298 y 304-332, hay dos importantes cartas suyas, fechadas en Santo Domingo el 22 de enero de 1518, una a Carlos V y otra a Chiévres (Monsieur de Xevres, escribe él); en el tomo XXXIV, otra a Carlos V, de interés geográfico, con igual fecha. En todo el tomo I se le menciona con frecuencia; en la pág. 557 se expresa que murió en marzo de 1539, siendo oidor. Con él se relacionan documentos del tomo XI, 327-342 y 343-363 (informa, como oidor, con el licenciado Espinosa, sobre la despoblación de la Española, 1528 y, en la Segunda Serie, del tomo I, especialmente págs. 107, 110, 111, 114, 116, 167 y 186 (donde se documenta su viaje a Yucatán en 1524), y del tomo VI, 14. En la *Colección de documentos inéditos para la historia de España*, II, Madrid, 1843, págs. 347-375, se halla también la carta a Chiévres de 1518; en las págs. 375-379, biografía de Zuazo, escrita por Martín Fernández de Navarrete. Da otra biografía Francisco Calcagno en su *Diccionario biográfico cubano*, Nueva York, 1878 (-84). Oviedo, *Historia*, libro 1, cap. 10, cuenta el naufragio de Zuazo en el viaje de Cuba a México; lo menciona además en diversos lugares de su obra (libro IV, caps. 2, 3, 4, 5, 7 y 8; libro XVII, caps. 3 y 20). Juan de Castellanos también, en sus Elegías, págs. 47-48 y 73-78. Las Casas, de paso, en su *Historia*, libro III, cap. 87.

[68] El licenciado Rodrigo de Figueroa, zamorano, gobernador de Santo Domingo en 1519-1521, escribió una *Descripción de la Isla Española*, según Trelles: no sé si está publicada. En la *Colección de documentos...*, del Archivo de Indias, I, 417-421 y 421-422, hay cartas suyas a Carlos V, fechadas en Santo Domingo el 6 de julio y el 13 de noviembre de 1520; en las págs. 379-385, una Información (1520) sobre las clases de indios (caribes y guatiaos, o sea guerreros y pacíficos) que poblaban las islas y tierra firme de América; se reimprime en el tomo XI, 321-327.

secretario Diego Caballero de la Rosa,[69] mariscal después[70] [71] el explorador y geógrafo Martín Fernández de Enciso,[72] y, superior a todos por la magnitud

---

69 Diego Caballero de la Rosa, sevillano, firma en 1533, como «escribano de Su Majestad y de la Real Audiencia», la *Relación testimoniada del asiento hecho con Francisco de Barrionuevo para apaciguar la rebelión del cacique Enriquillo*: va en la *Colección de documentos...*, del Archivo de Indias, 1, 481-505; en 20 de diciembre de 1537 dirige una *Carta al Emperador sobre el proyecto de vigilar los mares de las Antillas con «tres carabelas bien emplomadas y artilladas»*. Otros documentos relacionados con él: tomo XXII, 79-93 y 128-130; XXXVI 376 (por error dice «Diego Caballo»); XL, 435-438 (carta) y 157 (carta sobre fray Tomás de Berlanda, 1537). Fue también contador (1529) y tesorero. Las Casas lo menciona como secretario de la Audiencia en 1521 (*Historia*, libro III, cap. 157); Henríquez de Guzmán (V. infra) lo halla en el cargo en 1534. Oviedo (*Historia*, libro IV, cap. 8) lo menciona como dueño de ingenios de azúcar, secretario, contador, regidor de la ciudad capital y, por fin, mariscal de la isla (1547).

70 Gil González Dávila —uno de los muchos de su nombre que hubo en los siglos XVI y XVII— era contador real en Santo Domingo (nombrado en 1511). Es el que salió luego al Mar del Sur y exploró la América Central; murió en 1526. *Colección de documentos...* del Archivo de Indias, XII, 362; XVI, 5-36; XXXII, 267-272. Hay tres relaciones suyas, escritas hacia 1518, en la Colección, I, 332-347; probablemente es suyo también el *Memorial* de las págs. 290-291. En el tomo XXXV, 247-256, hay una carta suya, desde Santo Domingo, 12 de julio de 1520, otra, escrita en Santo Domingo el 6 de marzo de 1524, incluye Manuel María de Peralta en su obra *Costa Rica, Nicaragua y Panamá en el siglo XVI*. Madrid-París, 1883, págs. 3-26. Se refieren especialmente a él Hernán Cortés, en su quinta carta y Pascual de Andagoya, el explorador alavés (que también estuvo en Santo Domingo y allí se casó en 1534), en su *Relación de los sucesos de Pedrarias Dávila* (*Colección de viajes y descubrimientos*, de Navarrete III). Consultar: Las Casas, *Historia*, libro III, cap. 154; Oviedo, *Historia*, libro 29, caps. 14 y 21.

71 El Adelantado Pedro de Heredia (m. 1554), madrileño, escribió una *Relación de sus primeros hechos de arma en la provincia de Cartagena de Indias*, que figura en las *Relaciones históricas de América*, Madrid, 1916, págs. 1-8. Le sigue (págs. 9-15) una *Relación de sus campañas en Cartagena de Indias*, de mano ajena y desconocida. V. además, *Colección de documentos...*, del Archivo de Indias, XXII, 325-332 y XXIII, 55-74.
Sobre Heredia: Juan de Castellanos, Elegías, Parte III, *Historia* de Cartagena, cantos I a IX; Oviedo, *Historia*, libro XXVI, caps. 5-14; fray Pedro de Aguado. *Historia de Santa María y Nuevo Reino de Granada e Historia de Venezuela*.

72 El Bachiller Fernández de Enciso, vecino de Sevilla, se hallaba en 1508 en Santo Domingo ejerciendo de abogado; de sus ganancias dio recursos a Alonso de Hojeda para su expedición a la América del Sur, fue tras él en 1509 y lo perdió todo, en parte por la deslealtad de Vasco Núñez de Balboa, que se embarcó escondido en su nave.
Insistió en sus proyectos de conquista y colonización, con poco éxito. Tuvo, en Santo Domingo funciones gubernativas, según la Información de los servicios del Adelantado Rodrigo de Bastidas, hecha en Santo Domingo en julio de 1521, e incluida en la *Colección de documentos...* del Archivo de Indias, II: en la lista de preguntas se habla (pág. 371) de «los gobernadores que en esta isla han gobernado, así los religiosos de la Orden de San Jerónimo, como el licenciado Enciso, como el licenciado Rodrigo de Figueroa»; en la declaración de Diego Caballero «el mozo» (pág. 381) se habla de que «los religiosos de San Jerónimo vinieron a gobernar esta isla, el licenciado Enciso, e el licenciado Figueroa, que al presente la gobierna». Según Oviedo (*Historia*, libro XXVII, cap. 4), fue teniente de gobernador. En 1519 publicó en Sevilla su importante *Suma de geografía que trata de todas las partidas e provincias del mundo en especial de las Indias*, reimpresa en 1530 y 1546: uno de los primeros intentos de organizar científicamente los datos sobre el Nuevo Mundo. Las

de su obra escrita, Gonzalo Fernández de Oviedo,[73] cuya *Historia general y natural de las Indias* constituye, con los dos grandes libros de Las Casas, la

---

referencias a Santo Domingo son sucintas: solo habla de su situación geográfica, de sus plantas y de sus indios. José Toribio Medina extractó de la *Suma* la *Descripción de las Indias* y la publicó en Santiago de Chile, 1897.
Sobre Enciso: Las Casas, *Historia*, libro II, caps. 52, 60 y 62-64, y libro III, caps. 24, 39, 42-46, 52, 58, 59 y 63; Oviedo, *Historia*, libro XXVII, cap. 4, y libro XXIX, cap. 7; Martín Fernández de Navarrete, *Disertación sobre la historia de la náutica y ciencias matemáticas*, Madrid, 1846, págs. 141 y sigs.; Medina, *El descubrimiento del Océano Pacífico*, dos vols., Santiago de Chile, 1913-1914, y *Biblioteca hispanoamericana*, 1, 80-84, 118 y 201-218, donde reproduce la *Descripción de las Indias* y un breve papel sobre las encomiendas de indios, escrito en 1528 (sobre igual asunto hay un memorial suyo, sin fecha, en la *Colección de documentos...*, del Archivo de Indias, I, 441-450); Carlos Pereyra, *Historia de la América española*, 1, 235-250.

[73] Gonzalo Fernández de Oviedo (1478-1557) pasó gran parte de su vida en Santo Domingo, adonde llegó por primera vez en 1515 (hizo seis viajes al Nuevo Mundo: 1514-20-26-32-36-49), y allí murió siendo regidor perpetuo de la capital y alcaide de la fortaleza (desde 1533, año en que adoptó como residencia definitiva la ciudad primada); por error se decía que había muerto en Valladolid. Dejó larga descendencia en el país. Antes de venir a América había sido hombre de corte y de campañas militares en Europa; en América, fue, entre otras cosas, veedor de las fundiciones de oro en el Darién (1514-1530) y gobernador de Cartagena (1526-1530). Sus obras son: el *Sumario de la natural y general historia de las Indias*, Toledo, 1526, reproducido en los *Historiadores primitivos de Indias*, de Andrés González de Barcia, Madrid, 1749, y en el tomo XXII de la *Biblioteca de Autores Españoles*, 1858, y traducido al latín, al italiano, Venecia, 1534, y del italiano al francés, París, 1545, al inglés, por Richard Eden, Londres, 1555, y extracto en Purchas; la *Historia general y natural de las Indias*, en tres partes y cincuenta Libros, que comenzó a publicarse en Sevilla, 1535 (veinte libros —los diecinueve de la primera Parte y el último de la obra—, reimpreso en Salamanca con adiciones, 1547), se continuó en Valladolid, 1557 (libro XX, perteneciente a la segunda Parte) y apareció íntegra, por fin, en cuatro grandes volúmenes, con prólogo y notas de José Amador de los Ríos, Madrid, 1851-1855 (hay traducciones parciales, hechas en el siglo XVI, una al italiano; de Ramusio, y una al francés); la novela caballeresca *don Claribalte*, Valencia, 1519; el tratado *Reglas de vida espiritual y secreta teología*, traducido del italiano, Sevilla, 1548; el *Catálogo real de Castilla*, o historia de la monarquía española manuscrito en el Escorial; las *Batallas y quinquagenas*, diálogos en prosa sobre hechos del reinado de los Reyes Católicos, escritos en Santo Domingo hacia 1550 e inéditos todavía; las *Quincuagenas de los generosos e ilustres e no menos famosos reyes, príncipes, duques, marqueses e condes e caballeros e personas notables de España*, prosa y versos escritos en Santo Domingo en 1555-1556, publicados en parte (tomo 1, Madrid, 1880); *Respuesta a la Epístola moral que le dirigió el Almirante Fadrique Henríquez* (1524), manuscrito; *Relación de la prisión de Francisco I* (1525), manuscrito; *Libro de la cámara del príncipe don Juan* (1546-1548), Madrid, e. 1900; *Tratado general de todas las armas*, e. 1552, manuscrito incompleto; *Libro de linajes y armas*, e. 1552, manuscrito. Estas obras fueron redactadas, en gran parte, en América. Hay cartas de Oviedo, firmadas en Santo Domingo, en la *Colección de documentos...*, del Archivo de Indias, 1, 39-49 y 505-543; XLII, 152 (de 1539).
Sobre Oviedo: además de la *Vida* que escribió Amador de los Ríos para su edición de la *Historia*, el artículo de Alfred Morel-Fatio en la *Revue Historique*, de París, XXI, 179-190; y Marcelino Menéndez y Pelayo, *Historia de la poesía hispano-americana*, 1, 291-294. Sobre sus ediciones: Medina, *Biblioteca hispano-americana*, 1, 85, 109, 147-149, 225-226, 231 y 288-290; Rómulo don Carbia, *La Crónica oficial de las Indias Occidentales*, La Plata, 1934; V, págs. 76-78 y 93-94; Cesáreo Fernández Duro, *La mujer española en Indias*, Madrid, 1892, págs. 37-40.

fuente principal para el conocimiento de los primeros treinta años de España en América. Tenía Oviedo grande afición a las letras, y escribió muchos versos y hasta una novela de caballería. No eran grandes sus dones de escritor ni su cultura literaria: es mucho menos cuidadoso que Las Casas en la forma; Las Casas, además, es a ratos elocuente en la indignación, pintoresco y hasta humorista en sus descripciones de tipos y caracteres. En la obra histórica y descriptiva de Oviedo se amontonan hechos y datos de toda especie, cuyo interés supo descubrir. No describe la fauna y la flora del Nuevo Mundo mejor que Las Casas, pero le tocó la fortuna de ser leído antes y de «fundar la historia natural de América», según frase de Menéndez y Pelayo. Y en la parte histórica de su obra, ingenuidad misma con que acumula sucesos y casos hace de sus páginas vivaces cuadros de la vida cotidiana de conquistadores y colonizadores.

Entre los oidores de la Real Audiencia figuraron escritores[74] además de los obispos Fuenleal y Fuenmayor, que la presidieron, y de Zuazo, Vázquez de Ayllón y fray Tomás de San Martín, debe recordarse, en el siglo XVI, al licenciado Juan de Echagoyan,[75] [76] al doctor Alonso de Zorita,[77] al doctor

---

[74] El licenciado Juan de Vadillo fue oidor, y de Santo Domingo se le envió a Nueva Granada, en 1536, a tomar residencia al Adelantado Heredia (V. Juan de Castellanos, Elegías, Parte III, Historia de Cartagena, cantos V, VI y VII; Oviedo, Historia, libro XXVII, caps. 9-12). Antes, en 1531-1532, había tomado residencia al gobernador de Cuba, Gonzalo de Guzmán. (V. Max Henríquez Ureña, Noticias histórica sobre Santiago de Cuba, Santiago, 1930, capítulos XII-XIII, e Irene A. Wright, The early history of Cuba, Nueva York, 1916). Don Lucas de Torre, en sus «Notas para la biografía de Gutierre de Cetina» (en el Boletín de la Academia Española, 1924, XI, 397), dice que no se atreve a identificar al juez de América con el poeta sevillano de igual nombre, amigo de Cetina. La identificación, en efecto, resulta imposible, porque el oidor no hacía versos, que sepamos, ni era de Sevilla, sino castellano, de Arévalo, en la provincia de Ávila, según dato de Henríquez de Guzmán, quien lo vio en Santo Domingo en 1534.
Con quien tampoco debe confundírsele —como a veces ha sucedido— es con su contemporáneo Pedro de Vadillo, que estuvo —como él— en Santo Domingo y en Nueva Granada.

[75] La Relación del licenciado Echagoyan, vizcaíno, llamado a veces Echagoya o Chagoya, está en la Colección de documentos..., del Archivo de Indias, 1, 9-35. Fue escrita en España, en 1568. Méndez Nieto, en los años 1559 a 1567, lo pinta ya como anciano. En 1564 (¿o 1567?) tomó residencia el gobernador de Santo Domingo Diego de Ortegón; Américo Lugo, «Curso oral de historia colonial de Santo Domingo», en la revista Hélices, de Santiago de los Caballeros, 1934-1935.

[76] Hay documentos del licenciado Cristóbal de Ovalle (1584) y de Lope de Vega Portocarrero (1594), que fueron presidentes de la Audiencia: el señor Trelles los menciona en su biografía; pero no tienen interés para la historia literaria, ni siquiera para la historia de la cultura.

[77] Alonso de zorita, a quien se solía llamar Zurita, nació en 1512 y murió después de 1585. Oidor en Santo Domingo de 1547 a 1553, en enero de 1550 pasó a Nueva Granada como juez de residencia del navarro Miguel Díaz de Armendáriz y regresó a la Española en agosto de 1552; oidor luego

en Guatemala, de 1553 a 1556, y en México de 1556 a 1564; allí se incorporó a la Universidad como doctor en leyes (1556). Salió de México en 1566 y se estableció en Granada. Escribió *Parecer sobre la enseñanza espiritual de los indios* (1584); *Discursos sobre la vida humana* (1585); *Suma de los tributos*; estas tres obras no se conservan; *Breve y sumaria relación de los señores, y manera y diferencias que había de ellos en la Nueva España y en otras provincias, sus comarcas, y de sus leyes, usos y costumbres*, escrita entre 1561 y 1573, que se publicó en 1864, *Colección de documentos...*, del Archivo de Indias, 1, 1-126, y en 1867 —mejor edición— en el tomo III de la *Colección de documentos* para la historia de México, de García Icazbalceta, con breve biografía. Henri Temaux-Compans la había traducido al francés, incompletamente, en la colección *Voyages, relations et memoires pour servir á l'histoire de la découverte de l'Amérique*, tomo XI, París, 1840. Como ampliación de la *Breve y sumaria relación* escribió zorita la *Relación o Historia de la Nueva España*, terminada en 1585, cuyo primer tomo público Manuel Serrano y Sanz, con extenso prólogo y apéndice de siete cartas (cuatro de ellas referentes a Santo Domingo), dos *Pareceres* y una información de servicios. Madrid, 1909. García Icabalceta, en las págs. 333-342 del tomo II de su *Colección de documentos*, México, 1866, publicó un *Memorial* de Zorita, y en el tomo III de *Nueva colección de documentos...*, para la historia de México, México, 1891, el *Catálogo de los autores que han escrito historias de Indias o tratado algo de ellas*, que luego reprodujo Serrano y Sanz en las págs. 8-28 del tomo 1 de la *Historia* de la Nueva España.

Datos nuevos sobre Zorita: en mi artículo «Escritores españoles en la Universidad de México», en la *Revista de Filología Española*, de Madrid, 1935, XXII, 64-65.

Eugenio de Salazar de Alarcón[78] y al doctor Pedro Sanz Morquecho;[79] [80] en

---

[78] Eugenio de Salazar de Alarcón, madrileño, nacido hacia 1530, muerto en octubre de 1602, fue gobernador de las Islas Canarias (1567-1573), oidor en Santo Domingo (1573-1580), fiscal de la Audiencia en Guatemala (1580), fiscal y luego oidor en México, donde estuvo de 1581 a 1598: allí se incorporó como doctor en leyes en la Universidad (1591) y fue rector (1592-1593); en Madrid, miembro del Consejo de Indias desde el 27 de septiembre de 1600 hasta su muerte. Su *Silva de poesía* se conserva manuscrita en más de quinientas hojas en la Academia de la Historia, en Madrid. De ella insertó largos extractos Bartolomé José Gallardo en su *Ensayo de una biblioteca española de libros raros y curiosos*, tomo IV, Madrid, 1889, columnas 326-395. Las *Cartas* han tenido mejor fortuna: las publicó Pascual de Gayangos en Madrid, 1866 (Sociedad de Bibliófilos Españoles); cuatro de ellas incluyó Eugenio de Ochoa en el tomo II del *Epistolario español*, Madrid, 1870 (*Biblioteca de Autores Españoles*, LXII); otras que se hallaban inéditas las publicó Antonio Paz y Melia en el tomo 1 de *Sales españolas*, Madrid, 1902. Gallardo publicó también (*Ensayo*, IV, cols. 395-397) el poema alegórico *Navegación del alma*. Hay otros versos en *El autor y los interlocutores de los Diálogos de la montería*, de Juan Pérez de Guzmán, Madrid, 1890 (págs. 78-85). No sé qué contendrá el manuscrito que se conserva en Viena, porque no he podido consultar el trabajo de Adolfo Mussafia *Uber eine spanische Handschrift der Wiener Hofbibliothek*, publicado en los *Sitzungsberichte der Kaiserlichen Akademie der Wissenschaften*, de Viena, 1867, LVI, 83-124: como Salazar pasó cerca de treinta años en América, bien puede contener referencias al Nuevo Mundo. Otro trabajo escribió, según León Pinelo, cuyo paradero se ignora: *Puntos de derecho, o de los negocios incidentes de las Audiencias de Indias*.
Consultar: José Antonio Álvarez y Baena, *Hijos de Madrid...*, 1, 403-411; B. J. Gallardo, *Vida y poesías de Eugenio de Salazar*, en *Obras escogidas*, edición de Pedro Sainz y Rodríguez, dos vols., Madrid, 1928 (V. tomo II); M. Menéndez y Pelayo, *Historia de la poesía hispano-americana*, 1, 28-33 (en México), 177 (en Guatemala) y 295-297 (en Santo Domingo); Medina, *Biblioteca hispano-americana*, VI, 547.

[79] Pedro Sanz de Morquecho publicó *Tractatus de bonorum divisione amplissimus omnibus iuris studiosis maxime utilis & necesarius, in quo ea, quae quotidie in praxi Uersantur circa divisionem bonorum societatis conuentionalis & coniugalis, & meliorationum, & hereditatum, & aliarum rerum ad id pertinendum, digeruntur...* Madrid, 1601. Probablemente es nueva edición de esta obra la *Practica quotidiana... de divisione bonorum*, imprenta en Francfort, 1607. Vicente Espinel escribió en elogio de la obra un epigrama que comienza

Ingenium sollers, animi prudentia, virtus,
Auctorisque labor te peperere, Liber.
Materiam dedit Ingenium, Prudentia normam,
Iustitiam virtus, eactera cunecta labor...

Beristáin cree que Pedro Sanz de Morquecho sea el Pedro Núñez Morquecho que encuentra como oidor en México en 1604; pero debe de haber padecido error: el oidor de México se llamaba Diego (y no Pedro) Núñez de Morquecho, según la *Crónica de la Real y Pontificia Universidad de México*, de Cristóbal Bernardo de la Plaza y Jaén (siglo XVII), publicada en México, 1931.

[80] En 1554 era oidor de la Audiencia «el muy magnífico señor Juan Hurtado de Mendoza»: aparece como testigo en la institución de vínculo y mayorazgo del regidor. Francisco Dávila, en 23 de agosto (dato que debo a Emiliano Tejera). ¿Sería éste, como supone el investigador dominicano, uno e os escritores de igual nombre que figuran en el siglo XVI en España? Uno era madrileño, y publicó en Alcalá de Henares los poemas *Buen placer trobado en trece discantes de cuarta rima castellana*, 1550, y *El tragitriunfo*; a él le dirigió Eugenio de Salazar, desde Toledo, en 1560, la célebre *Carta*

57

el siglo XVII, a Juan Francisco de Montemayor y Cuenca,[81] Jerónimo Chacón Abarca,[82] Diego Antonio de Oviedo y Baños,[83] Femando Araujo y Ribera; en el siglo XVIII, el insigne mexicano Francisco Javier Gamboa.[84]

      humorística sobre los catarriberas, que estuvo atribuida, en el siglo XVIII, a Diego Hurtado de Mendoza; otro era granadino, y publicó el poema *El caballero cristiano*, en Antequera, 1577.

81 El jurista y teólogo aragonés Juan Francisco de Cuenca, o Montemayor de Cuenca, o Montemayor Córdoba de Cuenca (1620-1685), fue oidor en 1650, presidente de la Audiencia y gobernador de la isla en 1653; echó a los franceses de la isla de la Tortuga; en 1657, oidor en México. En 1876 se le autoriza a ordenarse sacerdote. Antes de trasladarse a América publicó cuatro obras latinas en Zaragoza; en la ciudad de México publicó cinco o seis obras más, en latín o en español, de 1658 a 1678. Dos más: en Lión y en Amberes. Dos de ellas se refieren a Santo Domingo: *Excubationes semicentum decisionibus Regiae Chancellariae Sancti Dominici Insulae, uulgo Hispaniolae*, México, 1667 (incluye una *Defensa de la jurisdicción real en la causa criminal de un clérigo sedicioso*); *Discurso histórico político jurídico del derecho y repartimiento de fresas y despojos aprehendidos en justa guerra, con cartas geográficas*, México, 1658, reimpresa, con adición de máximas militares, Amberes, 1683.
    Escribió, además, un *Parecer sobre la fortificación de la ciudad de Santo Domingo*: consúltese Emilio Tejera Bonetti, en la revista *Clío*, de Santo Domingo, 1933, I, 159. Habla de él (1691), donde cuenta la defensa de los dominicanos contra ataques extranjeros.
    Consultar: Félix de Latassa, *Biblioteca de escritores aragoneses*; Beristáin, *Biblioteca hispanoamericana septentrional*; Medina, *Biblioteca hispano-americana*, II, 262, 452-453 y 460-461; III, 37, 292-293, 308 y 361-362; IV, 53 y 185; Lugo, *Curso oral de historia colonial de Santo Domingo* (lo llama «hombre de estado superior», por su informe contra el desmantelamiento de la Tortuga que proyectó y realizó el Conde de Peñalva).

82 Jerónimo Chacón Abarca y Tierra fue oidor y alcalde del crimen en la Audiencia de Santo Domingo y fiscal en la de Guatemala. Publicó *Decisiones de la Real Audiencia y Chancillería de Santo Domingo, isla, vulgo Española, del Nuevo Orbe Primada, en defensa de la jurisdicción y autoridad real*, Salamanca, 1676. En Guatemala publicó, 1683 otro trabajo jurídico (Alegación por el Real Fisco).
    Consultar: Medina, *Biblioteca hispano-americana*, II, 233-234.

83 Diego Antonio de Oviedo y Baños, bogotano, hizo estudios en la Universidad de Lima; asesoró a su tío Diego de Baños y Sotomayor, obispo en Venezuela, en las Constituciones Sinodales de Caracas; después de ser oidor en Santo Domingo, septiembre de 1698 a mayo de 1700, lo fue en Guatemala, 1702, y en México; miembro, por fin, del Consejo de Indias en España. Escribió *Notas a los cuatro tomos de la Nueva Recopilación de Leyes de Indias*, con datos sobre la jurisprudencia de los tribunales: según Beristáin, el manuscrito era muy consultado en su tiempo. Tuvo dos hermanos escritores: José, el historiador de la conquista de Venezuela, y Juan Antonio (1670-1757), piadoso jesuita que vivió en México, donde fue contada su *Vida* (1760) por el padre Francisco Javier Lazcano.
    Consultar: Medina, *Biblioteca hispano-americana*, VI, 336, y VII, 69; José María Vergara y Vergara, *Historia de la literatura en Nueva Granada*, edición con notas de Antonio Gómez Restrepo y Gustavo Otero Muñoz, en dos vols, Bogotá, 1931; V. I, 304-307.
    Su contemporáneo el licenciado Fernando Araujo y Ribera, oidor decano de la Audiencia, escribió en 1700 unas *Noticias de la Isla Española*. El manuscrito se conserva en Madrid, en el Centro de Estudios Históricos.

84 Francisco Javier Gamboa (1717-1794), jurisconsulto eminente y buen geólogo de afición, pertenece a la pléyade de sabios mexicanos del siglo XVIII, autodidactos en parte, que dieron útiles contribuciones a la ciencia de su tiempo: los caracteriza el amor al estudio de la naturaleza, aunque

De Echagoyan conocemos la extensa y útil *Relación de la Isla Española*, dirigida a Felipe II en 1568; Sanz Morquecho, Montemayor, Chacón, Oviedo Baños y Gamboa escribieron extensamente sobre cuestiones jurídicas; Montemayor, además, sobre temas de religión. Zorita es historiador estimable, que tuvo mirada curiosa para la vida y las costumbres de los indígenas en México e hizo el primer catálogo de escritores —hasta treinta y seis— sobre cosas de América.

Salazar es buen poeta y prosista ingenioso, figura menor pero muy interesante en la literatura española de su tiempo. Escribió un *Canto en loor de la muy leal, noble y lustrosa gente de la ciudad de Santo Domingo* («De España a la Española...») y muchos versos referentes a personas y sucesos de la isla, como el caso del astrólogo dominicano Castaño, que «quiso pasar a la Isla de Cuba en un navío cargado de mercaderías suyas, y en el viaje encontró un corsario francés que le tomó a él y al navío y a lo que llevaba». Su viaje desde España y su llegada a Santo Domingo los describe en ingeniosa carta al licenciado Miranda de Ron (1573).

En funciones públicas, o como particulares, residentes o de paso, hallamos todavía en el siglo XVI muchos aficionados a las letras. El más conocido de todos es Lázaro Bejarano,[85] andaluz de Sevilla, donde perteneció al círculo de

---

no pocos tenían como profesión la eclesiástica o la jurídica, y la mayor parte cultivaban, además, aficiones literarias (Alzate Velázquez de Cárdenas y León, León Gama, Bartolache, Mociño: *Antología del Centenario*, obra de Luis G. Urbina, Pedro Henríquez y Nicolás Rangel, México, 1910, págs. 661-665). Gamboa fue nombrado regente de la Audiencia de Santo Domingo en 1783 y allí redactó el famoso Código Carolino o Código de legislación para el gobierno moral, político y económico de los negros de las Indias (sobre él pueden consultarse la *Historia de la esclavitud de la raza africana en el Nuevo Mundo*, de José Antonio Saco, II, págs. 10 as. y *Los negros esclavos*, del doctor Fernando Ortiz, La Habana, 1916, págs. 355-364 y 449-456).

En la Biblioteca Nacional de Madrid se conservan (n.º 3502) unos *Apuntes para la biografía de don Francisco Xavier Gamboa*, del ilustre jurista mexicano Mariano Otero.

85 Hay poesías de Lázaro Bejarano en el manuscrito sevillano que se conserva en la Biblioteca Provincial de Toledo, con versos de Cetina y de sus amigos Juan de Vadillo, homónimo del oidor de Santo Domingo, y Juan de Iranza. En el soneto que dedica a Bejarano, Iranza le habla de «nuestra Sevilla». Bejarano concurrió a certámenes hispalenses para festividades religiosas: figura en la *Justa literaria en alabanza del bienaventurado San Juan apóstol y evangelista*, impreso de Sevilla, 1531; en las *Justas literarias hechas en loor del bienaventurado San Pedro, príncipe de los apóstoles y de la bienaventurada Santa María Magdalena*, en 1532 y 1533, impreso de Sevilla, 1533; en las *Justas literarias en loor del glorioso apóstol San Pablo y de la bienaventurada Santa Catalina*, en 1533 y 1534, impreso de Sevilla, 1534 (Gallardo, *Ensayo*, IV, núms. 1153, 1155 y 1156, y Lucas de Torre, *Algunas notas para la biografía de Gutierre de Cetina*, en el *Boletín de la Academia Española*, 1924, XI, 401). Las composiciones dedicadas a San Pablo y a la Magdalena se incluyeron además en el *Cancionero general*, de Sevilla, 1535; se han reproducido en los apéndices al *Cancionero general*

poetas en que figuró Gutierre de Cetina. En América fue señor de las Islas de Curazao, Aruba y Bonaire: el señorío lo había heredado su mujer, doña Beatriz, hija del benemérito aragonés Juan de Ampíes, sucesivamente veedor, factor (1511) y regidor en Santo Domingo, fundador de Coro en Venezuela, a quien se dieron en encomienda aquellas «Islas de los Gigantes»; pero, «de tantas soledades descontento», volvió a residir en Santo Domingo, delegando las funciones de gobierno de sus ínsulas. En 1558 se le acusó de herejía, en complicidad con el escritor mercedario fray Diego Ramírez; la sentencia fue benigna: se le hizo abjurar de tres proposiciones erróneas y se le condenó a no leer otro libro que la Biblia, regla que de seguro no cumplió.

---

de Hernando del Castillo en la edición de la Sociedad de Bibliófilos Españoles, Madrid, 1882. Bejarano, como se ve, estaba en Sevilla todavía en 1534; debió de trasladarse poco después a Santo Domingo; hacia 1540, según Juan de Castellanos, estaba en Curazao como gobernador, con su mujer (*Elegías*, 184); en 1541 estaba de regreso en Santo Domingo y allí permaneció muchos años; sabemos que en 1565 estaba en Curazao; pero en Santo Domingo lo encontramos en 1558 y 1559, cuando el Cabildo eclesiástico lo procesa por herejía (y Medina, *La primitiva Inquisición americana*, I, 219-222, y II, 42-50, donde se reproduce la parte sustancial del *Proceso*); entre 1559 y 1567 lo trató allí Méndez Nieto; Echagoyan lo menciona en su Relación de 1568 como gobernador de Curazao, pero residiendo en Santo Domingo; López de Velasco, en su *Geografía*..., de las Indias, escrita entre 1571 y 1574, lo menciona todavía como vivo (pág. 146).

Sobre el suegro de Bejarano, y el trabajo del escritor venezolano Arístides Rojas, El regidor Juan Martínez de Ampiés, en sus *Obras escogidas*, París, 1907, págs. 636-649. Por error se le llama Ampúes o Ampiés. Hay una interesante carta suya, de hacia 1521, en la *Colección de documentos... del Archivo de Indias*, 1, 431-436, y otra, de 7 de septiembre de 1528, en el tomo XXXVII, 401-403 (además tomo XXII, 184-201, y XXXII, 148-150 y 408-413).

La esposa de Bejarano se llamaba Beatriz, según Méndez Nieto; María, según Castellanos; Ana, según dato que aparece en el trabajo de Monseñor Nicolás E. Navarro sobre Rodrigo de Bastidas, primer obispo de Venezuela, Caracas, 1931, folleto reproducido en la revista *Clio*, de Santo Domingo, 1935, págs. 36-42 (donde se menciona el ingenio de azúcar que heredó; lo menciona también Arístides Rojas). Una de las acusaciones que se le hicieron a Bejarano en el proceso de herejía fue «que estuvo tres años en la isla de Curazao, de donde es gobernador, que no oyó misa, ni se confesó él ni su mujer ni gente». Sin embargo, Juan de Castellanos (*Elegías*, 184), elogiando el buen gobierno de Curazao, dice que a los indios, por Juan de Ampíes, después por Bejarano, se les daban cristianos documentos y cada cual con celo de cristiano deseaba poner buenos cimientos; mas no siempre tenían a la mano quien les administrara sacramentos; mas éste si faltaba se suplía con algún lego que los instruía.

Méndez Nieto, en sus *Discursos medicinales* (infra), da muchas noticias de Bejarano y cita sus versos satíricos. El oidor Zorita, en el *Catálogo de los autores que han escrito historias de Indias*, cita el *Diálogo apologético contra Juan Ginés de Sepúlveda, redactado en «muy elegante estilo»*: en él había noticias sobre los indígenas de Cubagua. Juan de Castellanos habla de él en sus *Elegías*, IV del canto 1 de la Primera Parte, y extensamente en la *Introducción* de la Parte Segunda. Oviedo lo recuerda en su *Historia*, libro VI, cap. 19.

He trazado la figura de Bejarano en mi artículo «Erasmistas en el Nuevo Mundo», citado en nota sobre el padre Carlos de Aragón.

Era, en realidad, erasmista: «dijo que San Pablo no se entendió hasta que vino Erasmo y escribió»; «que la Sagrada Escritura debe de andar en romance para que todos la lean y entiendan, ansi inorantes como sabios, el pastor y la vejecita»; «que para entender la Sagrada Escritura no se curen de ver doctores ni seguir expositores, sino que lean el texto, que Dios les alumbrará la verdad»; condenaba «la teología escolástica, haciendo burla della y de sus doctores»; censuraba los malos sermones y las prácticas supersticiosas.

Tuvo mucha fama en América: de él hablan con elogio Oviedo, los Oidores Echagoyan y Zorita, Juan de Castellanos, el médico Méndez Nieto; pero sus escritos en prosa se han perdido y de sus poesías se conoce muy poco: unas cuantas de asunto religioso escritas para certámenes de Sevilla y versos satíricos escritos en Santo Domingo —tres epigramas y dos quintillas del Purgatorio de amor, sátira sobre el carácter y las costumbres de los principales personajes de la ciudad—. De los informes de sus contemporáneos se infiere que fue hombre de bien y gobernante justo para sus indios, buen escritor en prosa y poeta ingenioso. En su *Diálogo apologético contra Juan Ginés de Sepúlveda* apoyaría, de seguro, las tesis del padre Las Casas: ¡grande hazaña en quien fue señor de indios!

Amigo y admirador de Bejarano fue el licenciado Juan Méndez Nieto,[86] que ejerció de médico durante unos ocho años en Santo Domingo: escribió dos libros sobre asuntos de su profesión; uno de ellos, *Discursos medicinales*, escrito en prosa desenfadada, lleva digresiones de toda especie, con noticias curiosas, y hasta malos versos del autor. No debían de ser peores los del alguacil mayor Luis de Angulo (c. 1530-1560), a quien Méndez Nieto describe como hombre perverso y perverso versificador, que compuso un elogio

---

[86] Juan Méndez Nieto, que tal vez fuera extremeño, nació en 1531 y murió después de 1616. Estudió en Salamanca, donde se graduó de licenciado en medicina; ejerció su profesión en Arévalo, en Toledo y Sevilla; pasó ocho años en Santo Domingo, de 1559 a 1567, y de allí se trasladó a Cartagena de Indias, donde vivió unos cincuenta. Escribió dos libros: *De la facultad de los alimentos y medicamentos indianos, con un tratado de las enfermedades patricias del reino de Tierra Firme*; *Discursos medicinales*, terminados en 1611. Los *Discursos* han comenzado a publicarse en el *Boletín de la Academia de la Historia*, de Madrid, 1935; ya había dado extractos relativos a Santo Domingo Marcos Jiménez de la Espada en carta que Menéndez Pelayo insertó en su *Historia de la poesía hispano-americana*, 1, 314-327; allí se habla extensamente de Bejarano y del alguacil Luis de Angulo. Otro fragmento, relativo a España, publicó Jiménez de la Espada en la *Revista Contemporánea*, de Madrid, 1880, I, 153-177.
Consúltese: Manuel Serrano y Sanz, en *Autobiografías y memorias*, Madrid, 1905, Introducción, págs. XCII-XCIV.

de las damas de la ciudad, en octavas reales, imitando el Canto de Orfeo inserto en la *Diana* de Jorge de Montemayor.

Juan de Castellanos cita, entre los españoles de Santo Domingo aficionados a escribir versos, a Villasirga y al «desdichado don Lorenzo Laso»,[87] junto al «doto Bejarano». Nada sabemos de ellos.

Como meros visitantes estuvieron en la isla el milanés Girolamo Benzoni,[88] cuya *Historia del Mondo Nuovo* gozó de boga europea, y «el caballero desbaratado» Alonso Henríquez de Guzmán,[89] cuya autobiografía sabe a novela

---

[87] No sé qué relación haya entre «el desdichado don Lorenzo Laso», a quien menciona Juan de Castellanos como poeta, hacia 1570 (*Elegías*, 45), y el alférez Lorenzo Laso de la Vega y Cerda, que en 1608 escribe en Cuba un soneto en elogio del *Espejo de paciencia*, poema del canario Silvestre de Balboa (m. 1620).

[88] La *Vida o Libro de le vida y costumbres de don Alonso Henríquez de Guzmán*, caballero noble desbaratado, se comenzó a publicar en Santiago de Chile en 1873. Está completa en el tomo LXXXV de la *Colección de documentos* inéditos para le historia de España, Madrid, 1886. Sir Clements R. Markham la compendió en una versión inglesa, *The life and acts of Don Alonso Enríquez de Guzmán*, 1862 (Hakluyt Society). Henríquez de Guzmán estuvo en Santo Domingo en 1534-1535 y de allí salió para el Perú. En la edición madrileña de la Vida solo hay cinco páginas dedicadas a Santo Domingo, y tres de ellas las ocupa una provisión de la Audiencia, fechada el 12 de diciembre de 1534 y firmada por los oidores: «El doctor Rodrigo Infante (la edición madrileña ha reducido firma a «Reyufe, doctor»), el licenciado Zuazo y el licenciado de Vadillo. Henríquez de Guzmán nos habla del presidente de la Audiencia, licenciado Puenmayor, futuro arzobispo (la edición madrileña dice erróneamente «Formayor»), los oidores («el uno, el licenciado Zuazo, es de Segovia, y el otro, el doctor Infante, es de Sevilla y el otro, el licenciado Vadillo, de Arévalo») y el secretario, Diego Caballero, que como sevillano lo hospedó en su casa y lo agasajó. En la provisión se nombra a Henríquez de Guzmán capitán general de Santa Marta; debía salir en compañía del doctor Infante, juez de residencia; pero en eso llegaron noticias de que la corona había designado gobernador y capitán general de Santa María a Pedro Fernández de Lugo, y se desvanecieron las esperanzas del caballero sevillano. La escasa descripción que hace de Santo Domingo puede completarse con una página (236) que dedica a Puerto Rico, donde estuvo once días. De la ciudad de Santo Domingo dice que tiene «muchas casas y muy buenas, de cal y canto y ladrillo; muy buenas salidas».
Consultar: Manuel Serrano y Sanz, *Introducción* de *Autobiografías y memorias*, Madrid, 1906, págs. LXXV-LXXXVIII; Medina, *Diccionario biográfico colonial de Chile* (donde no estuvo Henríquez de Guzmán), Santiago de Chile, 1906; «Clemente Palma, don Alonso Henríquez de Guzmán y el primer poema sobre la conquista de América», Lima, 1935 (reseña de A. R. Rodríguez Moñino en la revista *Tierra Firme*, de Madrid, 1936, I, 164-166).

[89] El milanés Girolamo Benzoni (1518-1570) vino a América en 1541-1542; estuvo en Santo Domingo alrededor de once meses (1544-1545); recorrió parte de la América del Sur (Nueva Granada, el Ecuador, el Perú) y la América Central desde Panamá hasta Guatemala, padeciendo persecuciones de indios, rigores de autoridades españolas, hambres y naufragio; regresó a Europa en 1556. Su *Historia del Mondo Nuovo* apareció en Venecia, 1565, y se reimprimió allí en 1572; se tradujo al latín, Ginebra, 1578; al francés, al alemán, al holandés y al inglés.
Consultar: Medina, *Biblioteca hispano-americana*, I, 417-423, con biografía, 438, 472 y 598; Bernard Moses, *Spanish colonial literature in South America*.

picaresca en su primera parte, pero en su narración de sucesos del Perú pertenece a la más genuina historia de la conquista.[90] [91]

---

[90] El señor Trelles, en sus apuntes de bibliografía dominicana, anota escritos, que no pertenecen a la literatura, de Alonso de Hojeda (m. 1550), hijo del conquistador conquense, nacido en Palos de Moguer (aunque se había supuesto que naciera en Santo Domingo, donde residió), que acompañó a Cortés en la conquista de México y dejó memorias y comentarios que Cervantes de Salazar aprovechó para su *Crónica de la Nueva España* y Herrera para sus Décadas (¿directamente o a través de Cervantes de Salazar?); de Sancho de Arciniega, militar que en 1567 escribió una Relación de los sucesos de Santo Domingo; de Jerónimo de Torres, escribano de la villa de la Yaguana, que en 1577 redacta un memorial; del gran explorador Pedro Menéndez de Avilés, que en 29 de diciembre de 1566 escribe al rey sobre la fortificación de las ciudades de Santo Domingo y Puerto Rico; de Diego Sánchez de Sotomayor, vecino de Santo Domingo, que en 1578 envía al rey una relación en que se trata principalmente de la *Tierra Firme* (la menciona el padre Ricardo Cappa en sus Estudios críticos acerca de la dominación española en América); de Juan Melgarejo y Ponce de León, que hacia 1600 escribió sobre el Permanente problema de las fortificaciones (el Memorial está en la Biblioteca Nacional de Madrid); de Martín González, que según León Pinelo escribió una *Relación de las cosas dignas de remedio en la Isla de Santo Domingo, para consuelo de los pobres*; de Baltasar López de Castro, escribano de la Audiencia, empeñado en repoblar de indios la isla, plausible empeño que no se logró: publicó en 1598 un Memorial sobre el asunto, y en 1603, 1604, 1605, 1606 y 1607 nuevos memoriales (Medina, *Biblioteca hispano-americana*, I y II; de los otros hay noticias en Antonio León Pinelo, *Epítome de la biblioteca oriental y occidental náutica y geográfica*, Madrid, 1629, reimpreso con adiciones de Andrés González de Barcia, en tres vols., Madrid, 1737-1738, y Nicolás Antonio, Bibliotheca Hispana Nova, Roma, 1672). En el catálogo de Maggs Brothers, Biblioteca Americana, Parte VI, Londres, 1927, hallo otro impreso de Baltasar López de Castro, de Madrid, hacia 1600: contiene los contratos de la corona con Rodrigo de Bastidas, residente en Santo Domingo, 1524, Pánfilo de Narváez, 1526, Gonzalo Jiménez de Quesada y Diego Fernández de Serpa, sobre descubrimientos y colonizaciones.
Herrera (en sus Décadas II, libro III, cap. 7, y libro X, cap. 5; III, libro I, cap. 16) da noticia de Francisco de Lizaur, que vivía y escribía en Santo Domingo a principios del siglo XVI. Es el Lizaur de que hablan extensamente los Padres Jerónimos en su carta al Cardenal Jiménez de Cisneros, fechada en Santo Domingo el 22 de junio de 1517 (*Colección de documentos...* del Archivo de Indias, 1, 285-286); se decía que había sido secretario del Comendador Ovando cuando gobernó las Indias desde Santo Domingo (1502-1509) y en 1516 regresó a Santo Domingo desde Puerto Rico, donde había sido contador (nombrado en 1511; *Colección de documentos...*, XXXII, 140-147); en Santo Domingo se le creyó espía (esculqua, dicen los Padres) y se dijo que «tenía hecho un libro de avisos para llevar a Flandes», a los consejeros del rey Carlos; si eso era todo lo que escribía, no hay por qué considerarlo escritor. Después (1520-1521) vivió en Panamá y fue procurador de la ciudad ante la corona.

[91] El licenciado Alonso de Acevedo era en Santo Domingo catedrático de la Universidad de Gorjón en 1592 (Utrera, *Universidades*, 514 y 527; otro dato: «casado con doña Inés de Torres»). ¿Será este el doctor Alonso de Acevedo que en 1615 publica el florido poema *De la creación del mundo*, inspirado en *La sepmaine del Sieur du Bartas*, quizás a través de la versión italiana de Ferrante Guisone. Muy poco se sabe del poeta: nacido en La Vera de Plasencia hacia 1550; sacerdote; según parece, canónigo de la Catedral de Valencia; en 1615 estaba en Roma, donde firma la dedicatoria de su poema; en 1614, Cervantes lo presenta en el *Viaje del Parnaso* hablando italiano.
No hay objeción en que el catedrático de Santo Domingo fuese casado en 1592: pudo enviudar y hacerse sacerdote, como tantos en la época. En el poema hay dos menciones de América: una, en

En el siglo XVII figuran el jurisconsulto toledano Juan Vela,[92] en cuya *Política real y sagrada* se advierte influencia de la *Política de Dios*, de Quevedo, y el médico sevillano Fernando Díez de Leiva,[93] autor de unos *Anti-axiomas morales, médicos, filosóficos y políticos*, donde impugna sesenta refranes y apotegmas, como «haz bien y no cates a quién», «Motus est causa caloris», «Buena orina y buen color, dos higas para el doctor», «Nescit regnare qui nescit dissimulare». Anticipa la actitud de Feijoo. El libro comenta los temas en prosa y en verso.

Españoles eran, probablemente, el contador real Diego Núñez de Peralta,[94] que hacia 1642 escribió un *Epítome de los ochenta libros de la Historia de las Indias* de Antonio de Herrera, y Gabriel Navarro de Campos[95] [96] autor de un *Discurso sobre la fortificación y defensa de la ciudad de Santo Domingo*,

---

el Día tercero (río extraño del Perú), otra, en el Día séptimo (breve descripción del Nuevo Mundo, con mención de México, el Perú, Chile y el Río de la Plata).

92 El licenciado Juan Vela debió de nacer hacia 1630 y murió en 1675, cuando se terminaba la impresión de su Política real y sagrada, según informa en la Introducción su amigo el carmelita fray Juan Gómez de Barrientos. En la portada de su obra, Vela se dice «natural de la Imperial Ciudad de Toledo, abogado que fue en la Real Chancillería de la Isla Española y asesor del juzgado de los oficiales reales, teniente general, auditor de guerra y visitador de las Reales Cajas y de bienes de difuntos y de las encomiendas de indios en la provincia de Venezuela y ahora presentado por Su Majestad a una ración de la Iglesia Catedral de la ciudad de Valladolid en la provincia de Mechoacán». Había estudiado en Salamanca y en Toledo, donde se bachilleró en cánones, 1651; pasante de abogado en Madrid; en 1655 se trasladó a Santo Domingo, en cuya Audiencia se recibió de abogado; allí peleó contra los ingleses, el año de su llegada; en 1660, pasa a Venezuela; regresó a España en 1670, y allí se hizo sacerdote. No parece que haya estado en México, adonde lo destinaban cuando murió. Su obra impresa se titula *Política real y sagrada, discurrida por la vida de Jesucristo, supremo rey de reyes*, Madrid, 1675; dejó inédita o quizás inconclusa, la *Política militar sobre los libros sagrados de los Macabeos*.
Consultar: Beristáin, *Biblioteca hispano-americana* septentrional; Medina, *Biblioteca hispano-americana*, III, 227-228.

93 El licenciado Díez de Leiva era sevillano, según el epigrama latino que le dedica el arcediano de la Catedral Primada Baltasar Fernández de Castro. En Santo Domingo se casó en 1662 con doña María Mosquera Montiel, cuyos hermanos Luis y José Antonio de Santiago fueron sacerdotes. Murió allí en 1708. Sus *Anti-axiomas* se publicaron en Madrid, 1682; 14 hojas 136 págs.
Consultar: Medina, *Biblioteca hispano-americana* III, 297-298; Utrera, *Universidades*, 195, 219, 516 y 529 (por error lo hace Toledano).

94 A Diego Núñez de Peralta se le menciona en el prólogo a las *Décadas* de Herrera, edición de Madrid, 1726.

95 El Discurso del capitán Gabriel Navarro de Campos Villavicencio, que después de residir en Santo Domingo vivió en Caracas y fue allí regidor, existía en la biblioteca de Andrés González de Barcia; es posible que se encuentre hoy en la Nacional de Madrid.

96 El licenciado Esteban de Prado, venezolano, abogado de la Audiencia de Santo Domingo, publicó una Apología por don Gabriel Navarro de Campos en la persecución que le hace el obispo de Caracas (Tobar).

dirigido al enérgico gobernador Bernardino de Meneses Bracamonte, Conde de Peñalba, «el Conde» por excelencia para los dominicanos, jefe de la lucha contra la escuadra inglesa que Cromwell envió contra Santo Domingo, bajo el mando de Penn y Venables, en 1655.[97] [98] [99]

En el siglo XVIII hay menos nombres: el médico catalán Francisco Pujol,[100] autor de una *Disertación sobre el uso de los cordiales* y una *Respuesta a un amigo y avisos para todos*, dedicadas al conocido escritor limeño Eusebio Llano de Zapata, y de la Carta a la Universidad de Santo Tomás, donde recibió el título de doctor, sobre la enseñanza de la medicina; el venezolano Juan Ignacio Rendón,[101] poeta latino y orador forense; el ilustre jurisconsulto

---

Consultar: Beristáin, *Biblioteca hispano-americana septentrional*; Medina, *Biblioteca hispano-americana*, VI, 170 y VII, 40, 229, 241, 243; indica escritos, para asuntos judiciales, de Esteban y de Gabriel de Prado (parecería que ambos defendieron a Navarro); Utrera, *Universidades*, 517.

97 Andrés Núñez de Torra, vecino de Santo Domingo en 1650, es autor de una *Relación sumaria de la Isla Española y ciudad de Santo Domingo*, cuyo manuscrito se conserva en el Museo Británico (Papel es de Indias, n.º 13, 992), según el señor Trelles.

98 El nombre del escribano Francisco *Facundo* Carvajal aparece al frente de la *Relación de la victoria de españoles y dominicanos contra ingleses en 1655*. Se imprimió en Madrid y en Sevilla, 1655; en México, 1656. Hijo del escribano fue el presbítero bachiller Francisco *Facundo* Carvajal y Quiñones, que nació en Santo Domingo en 1644 y vivía aún en 1688: Utrera, *Universidades*, 196 y 516.

99 Juan Martínez de Quijano publicó en Madrid, hacia 1685, en folleto de ocho hojas en folio, un *Memorial en que se representa el miserable esta do en que hoy está la Isla de Santo Domingo de la Española*; la razón por que está de esta calidad, lo que ella es por sí ha sido, y los medios que se podrán poner y han puesto para su conservación: propone, entre otras cosas, echar a los franceses de la porción occidental del territorio.

100 Los trabajos del doctor Francisco Pujol se publicaron en Cádiz, donde residió el autor, a mediados del siglo XVIII. La *Disertación sobre los cordiales* y la *Respuesta a un amigo y avisos para todos* tienen fecha de 1658; la edición de la *Respuesta* está dedicada «al Illmo. Sr. Rector y Claustro de la Real y Pontificia Universidad de la ciudad de Santo Domingo» por el padre doctor Juan Andrés Chacón y Correa, cura de Mendoza, entonces chilena, después argentina. Pujol era catalán, de Santa María de Olost, en el obispado de Vich, y no valenciano, como dice Beristáin. Fue miembro de la Regia Sociedad de Ciencias, de Sevilla, y de la Real Academia Médica de Nuestra Señora de la Esperanza.

Consultar: Beristáin, *Biblioteca hispano-americana septentrional*; Medina, *Biblioteca hispano-americana*, IV, 523 y VII, 360; Utrera, *Universidades*, 519 y 534.

101 El doctor Juan Ignacio Rendón y Dorsuna nació en Cumaná, de Venezuela, 1761, y murió en Cuba, 1836. En Santo Domingo, adonde llegó de dieciocho años, se graduó de bachiller en cánones y doctor en leyes y fue catedrático, en la Universidad de Santo Tomás, de prima de derecho civil y luego de vísperas de cánones; fiscal del arzobispado en 1787-1789 y de la Universidad en 1790 y 1794. Emigró (1796) a Cuba, donde alcanzó gran fama como abogado; fue oidor honorario de la Audiencia de Camagüey (1811) y después asesor del gobierno de la isla, entre los muchos cargos que allí obtuvo. Enseñó derecho, con aplauso, pero no en la Universidad de La Habana.

Consultar: Calcagno, *Diccionario biográfico cubano*; Utrera, *Universidades*, 521 y 536 (le llama José Ignacio, pero es el Juan Ignacio a quien se nombra fiscal de la Universidad en 1794: pág. 506).

y economista cubano Francisco de Arango y Parreño;[102] el historiador cubano Ignacio de Urrutia;[103] los poetas cubanos Manuel Justo de Rubalcava, Manuel María Pérez y Ramírez y Manuel de Zequeira[104] y Arango, quien casó con dama dominicana descendiente de Oviedo.

---

102 Francisco de Arango y Parreño (1765-1837), uno de los hombres eminentes que ha producido Cuba, tuvo enorme influencia sobre el desarrollo económico de su isla con sus actividades públicas y privadas. Escribió mucho, principalmente estudios sobre la agricultura, la industria y el comercio de Cuba; en ocasiones sobre letras y filosofía.
Sus *Obras* se publicaron en dos vols., La Habana, 1888. Estuvo en Santo Domingo, en 1786 a defender sus intereses ante la Audiencia, y es fama que lo hizo de modo elocuente. En 1794 se le nombró oidor honorario de Santo Domingo, pero no se sabe que haya vuelto.
Consultar: Antonio Bachiller y Morales, *Apuntes para la historia de las letras y de la instrucción pública en la Isla de Cuba*, tres vols., La Habana, 1859-1861 (I, 81, 104, 170-174; II, 16; III, 8, 11-27, 93, 99, 102, 132, 137, y 177); Calcagno, *Diccionario biográfico cubano*; Anastasio Carrillo y Arango, *Elogio histórico...*; La Habana, 1862.

103 Ignacio José de Urrutia y Montoya (1735-1795), nacido en La Habana, abogado de las Audiencias de México (donde se educó) y de Santo Domingo, escribió *Teatro histórico, jurídico y político-militar de la Isla Fernandina de Cuba*, primera historia cubana que se imprimió (La Habana, 1789; aumentada, La Habana, 1876), y el *Compendio de memorias para escribir la historia de la Isla Fernandina de Cuba*, incompleto, La Habana, 1791. Su padre, el doctor Bernardo de Urrutia y Matos, que escribió apuntaciones históricas, había sido nombrado oidor de Santo Domingo, pero murió antes de ocupar el cargo (1753).
Consultar: Antonio Bachiller y Morales, Apuntes, I, 182; II, 56, 61-64; III, 92 y 126; Mitjans, *Historia de la literatura cubana*, 63-65 (edición de Madrid); Calcagno, *Diccionario biográfico cubano*.

104 Manuel de Zequeira y Arango (1760-1846), Manuel María Pérez y Ramírez (m. 1853) y Manuel Justo de Rubacalva (1769-1805) estuvieron en Santo Domingo como oficiales de la campaña de 1793.
Sobre ellos, consúltese: M. Menéndez y Pelayo, *Historia de la poesía hispano-americana*, I, 224-228; José María Chacón y Calvo, notas a *Las cien mejores poesías cubanas*, Madrid, 1922; Max Henríquez Ureña, «La literatura cubana», en la revista *Archipiélago*, de Santiago de Cuba, 1928-1929, y *Antología cubana de las escuelas*, tomo 1 (único publicado), Santiago de Cuba, 1930 (pueden consultarse también para Arango y Urrutia); Calcagno, *Diccionario biográfico cubano*. No conozco el trabajo de Sergio Cuevas Zequeira, Manuel de Zequeira y Arango y los albores de la literatura cubana.

VIII. Escritores nativos

a) El siglo XVI

El gran número de hombres ilustrados que la ciudad de Santo Domingo albergó en el siglo XVI preparó el ambiente para la aparición de escritores nativos. Juan de Castellanos, para explicar las dificultades que creó la rebelión del cacique *Enriquillo* (1519-1533), dice que la causa fue la vida regalada.

>por faltar, pues, entonces fuerte gente
>y usarse ya sonetos y canciones.

Abundaba la poesía, aunque difícilmente podían haber llegado a los sonetos cuando Boscán y Garcilaso los estaban ensayando apenas, ni las canciones, si se quiere hablar de las de corte italiano. Los aficionados a versos compondrían, según la tradición castellana, octosílabos y hexasílabos; compondrían versos de arte mayor, como los que en el Perú se escribieron sobre la conquista: en América alcanzamos las postrimerías del arte mayor en poesía, como alcanzamos —y prolongamos— las de la arquitectura ojival, dominante en la estructura interna de las iglesias de Santo Domingo. Pero con poetas como Lázaro Bejarano, hacia 1535, sí debieron de llegar los sonetos, ya en boga en el círculo sevillano a que perteneció Cetina.

La afición persistió, como se ve muchos años después cuando el médico Méndez Nieto cuenta que, al hacer circular Bejarano, anónimamente, una sátira contra la Real Audiencia, «prendieron todos los poetas» para averiguar —sin lograrlo— quién la habría escrito, de Santo Domingo hacia 1570:

>Porque todos los más, allí nacidos,
>Para grandes negocios son bastantes,
>entendimientos han esclarecido,
>escogidísimos estudiantes,
>en lenguas, en primores, en vestidos
>no menos curiosos que elegantes;
>hay tan buenos poetas, que su obra
>pudiera dar valor a nuestra obra.

Hay Diego de Guzmán y Joan su primo,
y el ínclito Canónigo Liendo,
que pueden bien limar esto que limo
y estarse de mis versos sonriendo;
quisiera yo tenerlos por arrimo
en esto que trabajo componiendo,
y un Arce de Quirós me fuera guía
para salir mejor con mi porfía.
Otros conocí yo también vecinos,
nacidos en el orbe castellano,
que en la dificultad de mis caminos
pudieran alentarme con su mano;
y son, por cierto, de memorias dignos,
Villasirga y el doto Bejarano;
no guiara tampoco mal mi paso
el desdichado don Lorenzo Laso.

A principios del siglo XVII, igual cuadro: Tirso nos habla del certamen que se celebró en honor de la Virgen de la Merced, en 1616, «autorizando la solemnidad con el crédito de los ingenios de aquel nuevo orbe». Si el ambiente saturado de letras favorecía la aparición de escritores y poetas nativos, la falta de imprenta los condenaba a permanecer ignorados: inutilidad que de seguro cortaba su vuelo. Poco sabemos de ellos. De los que nombra Castellanos —Liendo, Arce de Quirós, Juan y Diego de Guzmán— nada se conserva. Tenemos noticia de que el canónigo Francisco de Liendo (1) (1527-1584) fue quizás el primer sacerdote nativo de Santo Domingo. Su padre, el arquitecto montañés Rodrigo de Liendo,[105] construyó la hermosa Iglesia de la Merced y probablemente la fachada plateresca de la Catedral.

---

105 Fray Cipriano de Utrera publicó en la revista *Panfilia*, de Santo Domingo, abril de 1922, una biografía de don Francisco de Liendo, canónigo de la catedral de Santo Domingo, primer sacerdote dominicano (1527-1584). Murió el 24 de abril de 1584: Utrera, *Universidades*, 68. De paso: en las fechas de 1510-1550 que se dan para el padre del sacerdote, Rodrigo de Liendo, o Rodrigo Gil de Liendo, debe de haber error; el arquitecto ha de haber nacido mucho antes.
Hay datos curiosos sobre sacerdotes nacidos en Santo Domingo, y residentes en Nueva España, en la Relación que el arzobispo de México Pedro Moya de Contreras envió al rey en marzo de 1575: Gonzalo Martel, nacido en 1534, «virtuoso, y lengua mexicana, y poco gramático», es decir, que sabía bien el náhuatl, el idioma de los aztecas y mal el latín; Diego Caballero de Bazán, nacido

Nada importante sabemos de Arce de Quirós, ni de Diego de Guzmán, ni de Juan de Guzmán.[106]

Como predicador tuvo fama en el Perú fray Alonso Pacheco,[107] agustino, primer nativo de América que alcanzó a ser electo provincial de una orden religiosa. Estuvo propuesto para obispo. El padre Diego Ramírez,[108] el fraile

> en 1537: «no es muy latino, pero entiende lo que lee; lengua mexicana, y predica en ella; es cuidadoso y solícito, tiene buen entendimiento, y es honesto y virtuoso».
>
> Se creía que hubiera nacido en Santo Domingo (Nouel, *Historia* eclesiástica, I, 155) el padre Rodrigo de Bastidas (e. 1498-e. 1570), hijo del conquistador sevillano de igual nombre, fundador de Santa Marta (V. Oviedo, *Historia*, libro XXVI, caps. 2-5; Juan de Castellanos, *Elegías*, Parte II, *Historia de Santa Marta*, canto 1, págs. 258-259; fray Pedro de Aguado, *Historia de Santa Marta y Nuevo Reino de Granada*, 1, 31-61); ahora se supone que nació en España; si es así, debió de pasar a Santo Domingo en la infancia. Deán de la Catedral de Santo Domingo; obispo de Venezuela (1531) y de Puerto Rico (1541-1568), procuraba vivir siempre en Santo Domingo, donde poseía grandes riquezas, y gobernó la diócesis en interregnos (entre 1531 y 1539).
>
> Consultar: Oviedo, *Historia*, libro XXV, cap. 1, 21 y 22; Juan de Castellanos, *Elegías*, Parte II, Elegía I, final del canto IV; fray Cipriano de Utrera, don Rodrigo de Bastidas, Santo Domingo, 1930; Nicolás E. Navarro, don Rodrigo de Bastidas, primer obispo de Venezuela.

106 El poeta Diego de Guzmán es probablemente el cuñado del alguacil Luis de Angulo; según Méndez Nieto, «noble y virtuoso» cuando el otro «facineroso y malvado», Juan de Guzmán, su primo, es homónimo del prosaico traductor de las *Geórgicas* de Virgilio y autor de una mediocre *Retórica* (Alcalá, 1589), pero no es probable que tenga que ver con él. Es curioso que el escritor español indique, en la notación 28 a la Geórgica I, que la palabra baquiano procede de la isla de Santo Domingo, como es la verdad (V. Aufino José Cuervo, *Apuntaciones críticas sobre el lenguaje bogotano*, sexta edición, París, 1914, pág. 841).

El poeta a que se refiere Juan de Castellanos hacia 1570 no es, de seguro, el Diego de Guzmán que hacia 1525, no sabemos con qué carácter, escribe unas interesantes instrucciones sobre las cosas que hay que pedir al Emperador en favor de la ciudad de La Vega: *Colección de documentos...*, del Archivo de Indias, 1, 456-470.

107 Sobre fray Alonso Pacheco: Manuel de Mendiburu, *Diccionario histórico-biográfico del Perú*; contradice a Calancha, quien suponía que Pacheco hubiera nacido en el Perú. El agustino de Santo Domingo debió de nacer hacia 1540 y murió en 1615. Profesó en Lima, 1561; fue definidor en la provincia limeña durante veintiséis años; prior de los conventos de Parma, Trujillo, el Cuzco y Lima; en 1579 se le eligió provincial en Lima y lo fue tres veces; la última, en 1602. Felipe II lo presentó para el obispado de Tucumán, según Mendiburu. En la obra de don Roberto Levillier, *Organización de la Iglesia y órdenes religiosas en el virreinato del Perú en el siglo XVII*, dos vols., Madrid, 1919, hay una carta de Pacheco, de 1595 (tomo 1, pág. 588), una del virrey Marqués de Cañete al rey, en abril de 1594, en que lo propone para algún obispado, a la vez que al ecuatoriano fray Domingo de Valderrama, futuro arzobispo de Santo Domingo (tomo 1, pág. 604), y una del virrey Velasco, 2 de mayo de 1599, en que lo elogia, suponiéndolo nacido en Lima (tomo I, pág. 654); estas dos cartas las ha incluido también el señor Levillier en *Gobernantes del Perú: Cartas y papeles*, tomo XIII, págs. 146-150, y tomo XIV, págs. 165-180.

108 En su artículo «De re histórica: Los primeros libros escritos en la Española» (cit. en la nota 6 del capítulo II de este estudio), fray Cipriano de Utrera habla de Diego Ramírez, a quien considera criollo, «supuesto que este nombre no se halla entre los nombres de mercedarios que pasaron a las Indias». Parte de su proceso, como ya indiqué al hablar de Bejarano, está publicado por Medina en *La primitiva Inquisición americana*. Iba a enviársele a España, pero se le retuvo en espera del nuevo

mercedario a quien se hizo proceso inquisitorial junto con Lázaro Bejarano, sacerdote exclaustrado después y catedrático de la Universidad de Gorjón, era predicador y escritor: después de su proceso, dice el padre Utrera, recibió por devolución notarial... varios fajos de cuadernos escritos de su mano, todos de índole moral, que contenían tratados sobre varios libros de la Biblia».[109] Eugenio de Salazar habla de tres poetas dominicanos: uno, «la ilustre poeta y señora doña Elvira de Mendoza, nacida en la ciudad de Santo Domingo», a quien dedica un soneto, «Cantares míos que estáis rebelados...»; «otro, la ingeniosa poeta y muy religiosa observante doña Leonor de Ovando,[110] profesa en el Monasterio de Regina de la Española», a quien dedica cinco sonetos y unas sextinas; otro, el catedrático universitario Francisco Tostado de la Peña,[111] a quien contesta con un soneto, «Heroico

---

arzobispo fray Andrés de Carvajal, quien al llegar se encontró con una Real Audiencia que no se permitía perseguir a los herejes. Ramírez permaneció en Santo Domingo, puesto que en 1568 —diez años después de su proceso— enseñaba en la Universidad de Gorjón (Utrera, *Universidades*, 514: «Diego Ramírez, licenciado, Pbro., ex mercedario»).

109 Medina, en su *Diccionario biográfico* colonial de Chile, da noticia de Pedro de Ledesma, natural de La Vega, que fue oidor de las Audiencias de Guatemala y de Chile.

110 Los versos de doña Leonor de Ovando los transcribió Menéndez Pelayo en su Introducción a la *Antología de poetas hispano-americanos*, de la Academia Española, Madrid, 1892; *Introducción* reimpresa en 1911-1913 con el título de *Historia de la poesía* hispanoamericana. Hace referencia a la poetisa Manuel Serrano y Sanz en sus *Apuntes para una biblioteca de escritoras españolas*, dos vols., Madrid, 1903-1905. Doña Leonor ¿estaría emparentada con el comendador Ovando?

111 Sobre Francisco Tostado de la Peña, consultar: Utrera, *Universidades*, 45, 54, 55, 58, 92, 514 y 527. Era hijo, probablemente, de Francisco Tostado, escribió en 1514, que poseyó uno de los primeros ingenios de azúcar de la isla (Oviedo, *Historia*, libro IV, cap. 8).
El soneto con que Eugenio de Salazar le contestó el de bienvenida repite los consonantes del de Tostado:

Heroico ingenio del subtil Tostado,
a quien como balcones al señuelo
acuden todos con ganoso vuelo
para gozar de un bien aventajado
con gran razón te vieras escusado
de assí abatir tu vuelo al baxo suelo
a levantar con amoroso zelo
un ser indigno del presente estado.
Empero fue tu fuerza más mostrada
alzando al alta cumbre de tu assiento
pressa que está a la tierra tan pegada:
si me atreviesse yo con poco aliento,
con torpe mano y pluma mal cortada,
baría ofensa a tu merescimiento.

ingenio del subtil Tostado...», otro con que el dominicano había saludado su arribo. «Divino Eugenio, ilustre y sublimado...» Tostado de la Peña, abogado, enseñaba en la Universidad de Santiago de la Paz. Murió en enero de 1586, víctima de la invasión de Drake. De él solo se conserva el soneto que dedicó al Oidor.

Doña Elvira y doña Leonor son las primeras poetisas del Nuevo Mundo. Nada conocemos de la Mendoza, y solo podemos suponer, dado su apellido, que pertenecía a una de las familias hidalgas; de la Madre Ovando poseemos los cinco sonetos y los versos blancos con que respondió a las composiciones del poeta de Madrid. Son, afortunadamente para tales principios, buenos versos: si unas veces inexpresivos y faltos de soltura, o pueriles en su intento de escribir en «estilo culto» a fuerza de juegos verbales, otras veces vivaces, con donaire femenino, o delicados en imagen o sentimiento. Hay hallazgos de expresión como el énfasis, primor de la escritura, o cuadros como este retablo de Nochebuena:

> El Niño Dios, la Virgen y Parida,
> el parto virginal, el Padre Eterno,
> el portalico pobre, y el invierno
> con que tiembla el autor de nuestra vida...

Y hasta nos sorprende la monja de Regina con tres extraordinarios versos del más afinado conceptismo místico:

> Y sé que por mí sola padeciera
> y a mí sola me hubiera redimido
> si sola en este mundo me criara...

Al siglo XVI pertenece fray Alonso de Espinosa.[112] Gil González Dávila, en su Teatro eclesiástico, dice: «Fué hijo desta ciudad (la de Santo Domingo) el

---

[112] El fray Alonso de Espinosa que escribió el libro sobre la Candelaria habla, en los preliminares, de «las remotas partes de las Indias (en la provincia de Guatemala, donde me vistieron el hábito de la religión)».
Fray Juan de Marieta, en la *Historia eclesiástica de España*, en tres vols., Cuenca, 1594-1596, dice (libro XIV):

«Fray Alonso de Espinosa, natural de Alcalá de Henares, que vive este año de mil y quinientos y noventa y cinco.

»Ha escrito en lengua materna sobre el *Psalmo Quem ad modum* un libro, y otro del descubrimiento de las Islas de Canaria, y otras cosas denotas.»

Nicolás Antonio, en la *Bibliotheca hispana noua*, Roma, 1672: «F. Alphonsus de Espinosa, Compluti apud nos natus, eius rei testis est Ioannes Marieta, Sancti Dominici amplexatus est apud guatemalenses Americanos regulare institutum; at aliquando in Fortunatas Insulas, potioremque illarum Teneriffam aduectus, non sine Superiorum auctoritate scripsit.

»*Del origen y milagros de la imagen de Nuestra Señora de Candelaria*, Anno 1541. 8.

»Eodem tempore pro facultate impetranda typorum, & publicae lucis, ad Regium Senatum detulit, ut moris est, de Interpretatione Hispanica Psalmi XLI. Quemadmodum desiderat cernus ad fontes aquarum c. & a se versibus facta.

»Alphonso Spinosae in insula Sancti Dominicinato, huiusmet Instituti Dominicanorum, tribuit Aegidius González Dávila in Theatro Indico-Eclasiástico elegantem Commentarium super Psal. XLIV Eructauit cor meum uerbum bonum, quem cura superiore distinguam, non video, uti nee distinguit Alphonsus Fernández».

Fray Alonso Fernández no habla de este fray Alonso de Espinosa en su *Historia eclesiástica de nuestros tiempos*, Toledo, 1611; donde sí debe de mencionarlo es en la *Noticia scriptorum Pruedicatoriae Familiae*. No he podido consultar la obra de Altamura, *Bibliotheca Dominicana*. Roma, 1677.

Quétif y Echard, en su obra monumental *Scriptores Ordinis Praedicatorum recensiti* (II, 111), dan nueva y confusa interpretación a los datos: «F. Alphonsus de Espinosa Hispanus in insula 5. Dominici sen Hispaniola natus, in provincia vero Beticae ordinem amplexus, ut habet Fernandez pág. 319, & excipiunt Davilh Teat. Ecc». de las Indias pág. 258, & Altamura ad 1584, quem contra Compluto actum, & Guatemala in America ordini adscriptum prodit Antonius Bibí. Hisp. Testem producens Marietam sed loco non citato: ut sit, quod indigenarum diligentine disquirendum permittimus, ut & an duo sint eiusdem nominis, an unicus ut illi videntur statuere, florebat cedo anno MDXLI, quemuis non negem quin & ad annum MDLXXXIV peruenire potuerit, ut vult Fernandez. Hace ei opuscul a tribuntur:

«*Del origen y milagros de la imagen de Nuestra Señora de Calendaria* (sic), 1541 in 8.

»Hane opellam in lucem edidit, cum in insulam Teneriffam Fortunatarum primanam aliquando traiecisset, ibique aliquandin moratus fuisset.

»Psalmun XLI Quemadmodum desiderat cervus adfontes aquorum Hispanis versibus reddidit, typis edendifacultatuma regio senatu habuit. Commentarium elegantem in psalmum XLIV Eructauit cor meum sctiptsis sed an hi duo ultimi foetus typisprodierint, silent, nec ubi feruentur addunt».

Como se ve, los bibliógrafos franceses no habían visto el libro sobre la Candelaria; de otro modo, no discutirían la profesión del autor en Guatemala.

Beraistáin, en su *Biblioteca hispano-americana septentrional*, sostiene que fray Alonso era «natural de la isla de Santo Domingo, como dice Gil González Dávila en el *Teatro de la Iglesia de Santo Domingo*, y no de Alcalá, como escribió Marieta. Tomó el hábito de la Orden de Predicadores en la provincia de Guatemala, como asegura Remesal, y no en Andalucía, como dijo Altamuro. Hizo un viaje a España, y a su vuelta estuvo en las Islas Canarias...».

Pero Remesal no se lmita a afirmar que Espinosa profesó en Guatemala; en su *Historia de general de las Indías Occidentales...*, libro IX, cap. XVI, dice: «Y porque el padre fray Alonso de Espinosa, natural de Guatemala, que hizo profesión año de 1564, no murió en esta provincia, no se deja de saber que escribió el libro de Nuestra Señora de Candelaria en las islas de Canadá, de quien fue muy devoto, por haber vivido muchos años en su convento». Hay, pues, tres patrias posibles.

En los datos de Beristáin hay, además, una errata de imprenta: donde él escribió, copiando la errata de Nicolás Antonio, 1541, la imprenta puso 1545. Eso hizo suponer al señor Trelles, en sus

Reverendo Padre fray Alonso de Espinosa, religioso domínico, que escribió un elegante Comentario sobre el Psalmo 44, Eructavit cor meum verbum bonum». No se conserva este trabajo. ¿Es este fraile el Alonso de Espinosa que vistió el hábito domínico en Guatemala y que escribió una Exposición en verso español sobre el Salmo 41, *Quem ad modum desiderat cervus in fontes aquarum*, la cual se ha perdido, y, en las Islas Canarias, el libro *Del origen y milagros de la Santa Imagen de Nuestra Señora de Candelaria* que apareció en la isla de Tenerife, con la descripción de esta isla? El autor de estos dos trabajos, dice fray Juan de Maneta, era natural de Alcalá de Henares; Remesal lo hace natural de Guatemala; pero, según Nicolás Antonio, fray Alonso Fernández, probablemente en su inédita *Noticia scriptorum Praedicatoriae Familiae*, lo identifica con el nativo de Santo Domingo. La identificación de estos dos escritores homónimos y coetáneos, frailes domínicos y residentes en América, ambos, tiene visos de probabilidad; pero no la considero probada. Beristáin la aceptaba e insistía en el nacimiento dominicano del escritor.

Aceptándola, y aceptando el año de 1541 como fecha de la publicación del libro sobre la Candelaria, el investigador cubano señor Trelles atribuía a Santo Domingo la gloria de haber dado cuna al «primer americano que escribió y publicó un libro». Pero, acéptese o no la identificación, el libro sobre la Candelaria no se publicó en 1541: se escribió a fines del siglo XVI —en el texto se habla de sucesos de 1590— y se publicó en 1594, en Sevilla; la fecha de 1541 es una errata de la *Bibliotheca noua* de Nicolás Antonio, quien probablemente había escrito 1591, fecha de las licencias de publicación del libro.

---

apuntes de bibliografía dominicana, tres ediciones: la de 1541, que daba a Espinosa una singular primacía, la de 1545 y la verdadera de 1594. En realidad, el libro no tuvo segunda edición hasta 1848, en Santa Cruz de Tenerife (Biblioteca Isleña). El investigador español don Agustín Millares Carlo prepara nueva edición. Sir Clements Robert Markham lo tradujo al inglés con el título de *The Guanches of Tenerife*, Londres, 1907 (Hakluyt Society). Hay artículo reciente de D. B. Bonet, «La obra del padre fray Alonso de Espinosa», en la *Revista de Historia, de la Laguna de Tenerife*, 1932. Traté el problema de la identificación en mi artículo «El primer libro de escritor americano», en la *Romanic Review*, Nueva York, 1916.

Algún eco del libro hay probablemente, a través del poema *Antigüedades de las Islas Afortunadas de la Gran Canaria*, del isleño Antonio de Viana (Sevilla, 1604), en la comedia de Lope de Vega *Los guanches de Tenerife y conquista de Canaria*: y el comentario de Menéndez Pelayo en el tomo XI de la edición académica del dramaturgo, reimpreso en sus *Estudios sobre Lope de Vega*.

Hay otro fray Alonso de Espinosa (1560-1616), domínico, escritor, mexicano de Oaxaca, que estuvo en España, pero no vivió en Canarias ni en Guatemala: Beristáin lo menciona, pero separándolo claramente del autor de la Candelaria. De él habla el padre Antonio Remesal, en su *Historia...*, de las Indias Occidentales: supongo que es el oaxaqueño mencionado en el capítulo 16 del libro.

Tampoco hay edición de 1545; mera errata de Beristáin al transcribir el 1541 de Nicolás Antonio. La obra conserva interés por su descripción de Tenerife y sus noticias sobre los guanches, los antiguos habitantes de las Canarias: es el primer libro que se escribió sobre aquellas islas.

Y pertenece al siglo XVI, por fin, Cristóbal de Llerena,[113] canónigo de la Catedral y catedrático universitario, que escribía obras dramáticas para las representaciones eclesiásticas.

Según la costumbre medieval, que se perpetuaba en América, arcaizante en todo, en las iglesias no solo se representaban obras edificantes que hicieran vívidas la doctrina y la historia: se representaban también obras cómicas para retener la movediza atención de los fieles. Pero supongo —a pesar de la declaración de los actores estudiantes en 1588— que las obras profanas se representarían en el atrio y no en el interior de los templos. Entre los estudiantes persistió la afición al teatro; en 1663, el arzobispo Cueba Maldonado les prohíbe participar en la representación de comedias que servía para solemnizar la festividad de la Virgen del Rosario, a quien

---

[113] Sobre Llerena: Francisco A. de Icaza, «Cristóbal de Llerena y los orígenes del teatro en la América española», en la *Revista de Filología Española*, 1921, VIII, 121-130 (Icaza descubrió el entremés y lo publica); Utrera, *Universidades*, 45, 53-56, 61-64, 68-73 (reproduce el entremés), 82, 92-96, 120 y 514.

Llerena había nacido en Santo Domingo hacia 1540; vivió hasta el siglo XVII: en 1627 (Utrera, *Universidades*, 95) lo mencionan como difunto; estaba vivo en 1610 (Utrera, *Universidades*, 64). En 1571 era ya sacerdote, organista de la Catedral y catedrático de gramática latina en la Universidad de Gorjón (Utrera, 68); en 1575, capellán menor del Hospital de San Nicolás (Utrera, 61-62); en 1576, capellán mayor y aspirante a canonjía: el arzobispo fray Andrés de Carvajal lo llamaba «muy buen latino, músico de tecla y voz, virtuoso y hombre de bien» (Icaza, 123; Utrera, 68).

En 1583, ya canónigo, lo hace prender y lo destituye de su cátedra Rodrigo de Ribero, visitador del Colego de Gorjón, porque aconsejó a dos estudiantes no decir verdad en las investigaciones (Utrera, 68), pero aquel año mismo vuelve a su cátedra (Utrera, 62); en 1588, con motivo del entremés, los oidores lo embarcan para el Río de la Hacha, en Nueva Granada; al año siguiente estaba de regreso en Santo Domingo (Utrera, 64). Después fue maestrescuela de la Catedral; el arzobispo Dávila Padilla lo hizo provisor (Utrera, 64). En el Colegio de Gorjón llegó a ser rector por muchos años.

Signos de la afición al teatro en Santo Domingo: don Américo Lugo me informa haber visto en España el manuscrito de una obra dramática, de carácter profano, compuesta en Santo Domingo en el siglo XVII; en mi adolescencia vi otra, que se ha perdido, en letra del siglo XVIII, pero ya poco legible por la mala calidad de la tinta, entre los papeles de mi abuelo Nicolás Ureña de Mendoza, consta que en 1771 se representaban comedias en el palacio de los gobernadores, cuando lo era José Solano. No es probable que haya existido el teatro como empresa comercial, todo debió de hacerse entre aficionados.

En México hubo teatro público desde 1597; en Lima, desde 1602.

está dedicado el templo del Imperial Convento de Predicadores, porque malgastaban el tiempo que debían dedicar al estudio. Consta que entonces se representaban las comedias «en tablados».

De la producción de Llerena solo conocemos hoy el entremés que, insertó en uno de los entreactos de una comedia, se representó en la octava de Corpus, el año de 1588, «en la Catedral», según dicho de los actores, y provocó escándalo y proceso: cargado de reminiscencias clásicas, críptico a veces para el lector moderno, alude en son de censura a cosas de la época.

Cordellate, bobo del tipo tradicional en el teatro, es el pueblo antes próspero, ahora hambriento, que trata de mantenerse con la pesca improvisada. En su diálogo con el gracioso se censuran la violencia de las autoridades y las nuevas reglas sobre cambio de la moneda. Como Cordellate, antes rollizo, había echado del vientre un monstruo, semejante al que supone Horacio en el comienzo de la Epístola Ad Pisones, acuden dos alcaides a reprenderlo, y cuatro personajes legendarios, como Edipo y Calcas, para adivinar qué es. Después de dudar si es presagio (la gente vive bajo el temor de descubrir luces de barcos enemigos: la invasión de Drake, que saqueó la ciudad, había ocurrido dos años antes), los elementos que lo componen hacen comprender que el monstruo representa el estado de la sociedad, corrompida por malas costumbres y mal gobierno.

El valeroso arzobispo López de Ávila pinta así a Cristóbal de Llerena, defendiéndolo contra las iras de los oidores, en carta a Felipe II, de 16 de julio de 1588: «Hombre de rara habilidad, porque sin maestros lo ha sido de sí mismo, y llegado a saber tanto latín, que pudiera ser catedrático de prima en Salamanca, y tanta música, que pudiera ser maestro de capilla en Toledo, y tan diestro en negocios de cuentas, que pudiera servir a V. M. de su contador... Entre otras gracias es ingenioso en poesía y compone comedias con que suele solemnizar las fiestas y regocijar al pueblo».

b) El siglo XVII

Los años iniciales del siglo XVII son todavía interesantes: es la época de los gobiernos arzobispales, de Dávila Padilla y fray Pedro de Oviedo, de las Visitas de Tirso y Valbuena.

Después todo languidece. La languidez no es solo nuestra: fluye de la metrópoli, ya en franca decadencia. Para los virreinatos, ricos y activos, el XVII es el siglo en que la vida colonial se asienta y adquiere aire definido de autoctonía: la inercia de la metrópoli los liberta. La liberación alcanza a las colonias productivas en el siglo XVIII: así en la Argentina, Colombia, Venezuela, Cuba, donde se desarrolla vida nueva. Pero Santo Domingo, colonia pobre que se acostumbró a vivir de prestado, tenía que decaer. Ya es mucho, hasta es sorprendente, que mantuviera tanto tiempo su prestigio de cultura.[114]

Los datos sobre la vida literaria se hacen más escasos que en el siglo XVI. Sabemos de predicadores como Diego de Alvarado,[115] a principios de siglo;

---

114 La despoblación de Santo Domingo, en el siglo XVI, nace de causas locales, o peculiares al Nuevo Mundo: primero, la ruina de la población indígena, que empobrecía a los conquistadores; después, el descubrimiento de tierras nuevas, que atraía a los audaces. Pero en el siglo XVII la despoblación procede de causas generales en España y América: España decae y se despuebla, solo se libran del proceso países como México y el Perú.
Consultar: Ángel Rosenblat, El desarrollo de la población indígena en América, en *Tierra Firme*, II, 125-127.

115 El licenciado Diego de Alvarado fue catedrático de gramática latina en el Colegio de Gorjón, probablemente desde fines del siglo XVI; consta que enseñaba e. él de 1610 a 1623, cuando se le había convertido en seminario.
Consultar: Utrera, *Universidades*, 53, 82, 95, 96 y 514; Apolinar Tejera, *Literatura dominicana*, 49: dice que en el 1623 era cura de Santiago de los Caballeros y que había sido «infatigable predicador por más de cinco lustros».

Tomás Rodríguez de Sosa,[116] a mediados; Antonio Girón de Castellanos,[117] al final (Rodríguez de Sosa se levantó desde la esclavitud hasta hacerse sacerdote venerado y orador de fama), escritores como el padre Luis Jerónimo de Alcocer,[118] que en 1650 redactó una especie de historia eclesiástica de la isla combinada con descripción de su estado. Poetas como Francisco Morillas,[119] de cuya glosa en honor de la victoria de los dominicanos contra los franceses

---

116   Muy digno de atención por su vida es Tomás Rodríguez de Sosa. Se le menciona, desde mancebo, enseñando niños. En 1662, el arzobispo Cueba Maldonado lo describe «virtuoso y sagaz; es de los que más saben, y predica...; nació esclavo, después lo libertó su señor; aplicóse a estudiar, un prelado le ordenó por verle aplicado; es de color pardo». Tenía entonces la capellanía de la fortaleza. En 1658, el arzobispo Francisco Pío de Guadalupe y Téllez lo llama «sujeto docto, teólogo, virtuoso, de gran fruto en el púlpito, en la cátedra, en el confesionario, con aprobación de los arzobispos mis antecesores..., de los presidentes y oidores de esta Real Audiencia, que le convidan sermones en su capilla las cuaresmas, y las fiestas reales que hacen en la Catedral, porque en ella y en cualquier parte luce con su doctrina y ejemplo incansablemente, y sin que se cansen de oírle doctos y no doctos». Agrega que convirtió al catolicismo a ingleses y franceses protestantes prisioneros en la Fuerza. Cuando el gobernador Montemayor Cuenca le quitó el puesto de cura castrense, no se quejó. Probablemente obtuvo después otro cargo.
Consultar: Utrera, *Universidades*, 158, 159, 192, 194, 515, 529 y 541-542.

117   El licenciado Antonio Girón de Castellanos nació en 1645 y murió en 1700 siendo canónigo magistral de la Catedral Primada. En 1681 estaba sin cargo; en 1688 era prebendado; en 1697 canónigo magistral.
Consultar: Utrera, *Universidades*, 196, 198, 201 y 516.

118   El presbítero licenciado Luis Jerónimo de Alcocer nació en 1598 y murió después de 1664. Fue catedrático superior de latín y capellán en el colegio de Gorjón. En 1627-1635 era racionero de la Catedral. El arzobispo fray *Facundo* de Torres dice, escribiendo al rey en 1635, que Alcocer «está muy recogido y estudioso; y en teología moral hace en esta tierra ventaja a todos los que V. M. puede hacer merced». Tenía en la Catedral dignidad de tesorero en 1662. Era maestrescuela en 1662-1664. Escribió, según León Pinelo, sobre el *Estado de la Isla Española, sus poblaciones, frutos y sucesos, y de su arzobispado, con la noticia de sus prelados desde la erección de aquella Iglesia hasta 1650*. Este manuscrito, que se hallaba en la biblioteca de Andrés González de Barcia en el siglo XVIII, es el que hoy se halla en la Nacional de Madrid bajo el número 3000 y que Sánchez Alonso, en sus *Fuentes de la historia española e hispanoamericana*, Madrid, 1927, registra con el título de *Historia* eclesiástica de la Isla Española de Santo Domingo hasta el año 1650.
Consultar: Utrera, *Universidades*, 113, 120, 129, 192, 193, 195, 514 y 528.

119   Los dos versos de Francisco Morillas están citados en la *Idea del valor de la Isla Española*, de Sánchez Valverde, y en la *Historia de Santo Domingo*, de Antonio del Monte y Tejada (capítulos VIII y IX de este estudio).
Utrera, *Universidades*, 473-474, trata de establecer su parentesco con los Jiménez de Morillas: en 1728 era catedrático de la Universidad de Santo Tomás Francisco Jiménez de Morillas, nacido en 1749, hijo de su homónimo y de Rosa Franco de Medina; el padre Utrera lo supone nieto del poeta (pág. 474); pero luego (pág. 535) indica que el padre del catedrático, y de otro a quien se llama Tomás Morillas y Franco de Medina, era natural de Cartagena y murió en 1760. El libro del padre Utrera sobre Agustín Franco de Medina, Santo Domingo, 1929, trata de otro antepasado de los Jiménez de Morillas y Franco de Medina.

77

en la Sabana Real de la Limonada, el 4 de enero de 1691, se recuerdan dos jactanciosos versos:

> Que para sus once mil
> sobran nuestros setecientos,
> o nuestros cuatrocientos, según otra versión.

Los Anti-axiomas del sevillano Díez de Leiva (1682) revelan, en los preliminares laudatorios, una breve mina de poetas dominicanos: ante todo, una poetisa, hija del autor celebrado, nacida en Santo Domingo, y muy joven entonces, doña Tomasina de Leiva y Mosquera;[120] luego, el arcediano de la Catedral, Baltasar Fernández de Castro,[121] que gobernó la Iglesia en casos de sede vacante; fray Diego Martínez,[122] dominico; el padre Francisco Melgarejo Ponce de León,[123] maestrescuela de la Catedral; el maestro José Clavijo,[124]

---

120 Doña Tomasina de Leiva y Mosquera debió de nacer en 1663; sus padres se casaron en 1662. Los dos versos finales de su Epigrama son difíciles: o la autora flaqueaba en su latín, o los impresores los maltrataron. La docta latinista señorita María Rosa Lida propone tres retoques que he indicado en el texto. Así retocados, los versos significarían: «Oh señor, elegante en tus escritos avanzas (es decir, te elevas) hasta las estrellas; mezclando en ellos cosas agradables, das lo útil en forma sabrosa. A la vez cautivas (encantas) con tu prosa y cantas en tu verso, pero si cautivas (hechizas) lo bueno, empero con él (con el verso) lo renuevas».

121 El arcediano doctor Baltasar Fernández de Castro, de la distinguida familia de su apellido, murió en 1705. Era deán desde 1692, por lo menos: Utrera, *Universidades*, 201 (datos de 1697), 516 y 530.
Hay otro sacerdote dominicano de igual nombre (1621-1688), con título de licenciado, canónigo y catedrático de prima de gramática latina en el Seminario: en 1662 y 1663 decía de él el arzobispo Cueba Maldonado: «teólogo moralista»...; «sabe y predica con acierto» (Utrera, *Universidades*, 159, 190, 192, 193, 197 y 530).
En el siglo XVIII se repite el nombre —frecuente en la familia— en el prebendado, con título de doctor, que aparece relacionado con la Universidad de Santo Tomás en 1742 (Utrera, *Universidades*, 518 y 532); había nacido en 1667 y descendía, por línea materna, del cronista Oviedo.

122 El licenciado Francisco Melgarejo Ponce de León murió siendo canónigo maestro escuela de la Catedral en octubre de 1683: Utrera, *Universidades*, 516. ¿Es el presbítero Francisco Melgarejo nacido en 1635?

123 El dominico fray Diego Martínez, que escribe versos en elogio de Diez Leiva ¿será el Diego Martínez que escribió un soneto a la memoria de Sor Juana Inés de la Cruz, como parte del homenaje de todo el mundo hispánico que aparece en el tomo de Fama y obras póstumas de la poetisa mexicana, Madrid, 1700?

124 El maestro José Clavijo había nacido en 1604, según partida de bautismo; en 1685 era todavía «maestro de niños», a pesar de los ochenta y un años que él mismo declaraba. Quizás profesara en la vejez y fuera el lego dominico que aparece en documento de 1696 (Utrera, *Universidades*,

cuya escuela fue conocidísima y dio nombre al trecho donde se hallaba en la calle de la capital que desde el siglo XVII se llama «Calle del Conde» (naturalmente, el Conde de Peñalba), los capitanes García y Alonso de Carvajal y Campofrío, de la numerosa y distinguida familia extremeña de los Carvajal, que desde la conquista tuvo representantes en Santo Domingo, Miguel Martínez y Mosquera,[125] Rodrigo Claudio Maldonado.

De ellos, escriben en latín Martínez, Fernández de Castro y doña Tomasina. El padre Martínez:

>Scribens in veteres, super illos Leiva, sapisti:
>Magna petis calamo non tamen es Phaethon,
>Nam, hoc opus ut peragas, pater es, se et praestat Apollo;
>Non solum una Dies, te sua saecla vehent.

El padre Fernández de Castro:

>Siste, hospes, gressus, cerne haec miracula, siste.
>Quod videas maius non habet Orbis opus.
>Ingredere hic Sophiae sedes, et Apollinis aulam:
>Serta vides, lauros collige, sume lyras.
>Perge, sepulta vides vetera Axiomata Mundi;
>Ista bonos mores dant documenta viris.
>Hace offert iam Leiva tibi moderamina vitae.
>Hoc habet in scriptis, quidquid in Orbe micat.
>Grande opus ingenii, quo non felicius ullum.

528-529). Su padre, Francisco Clavijo, había sido «maestro de escuela de niños». La escuela era particular y dio nombre al trecho de calle donde se hallaba situada.

No sabemos si todavía estaba la enseñanza exclusivamente en manos de hombres o si ya habían comenzado a dar enseñanza elemental las mujeres: en México la daban ya (los datos autobiográficos de Sor Juana Inés de la Cruz en su *Carta a Sor Filotea*), como en España, en las pequeñas escuelas que llamaban amigas. En Santo Domingo existía este tipo femenino de escuela desde principios del siglo XIX, durante cuyo transcurso se multiplicó prolíficamente.

[125] El capitán Miguel Martínez y Mosquera quizá fuera pariente, por afinidad, de Díez Leiva, casado con doña María Mosquera Montiel. El bachiller Francisco Martínez de Mosquera desempeñaba el cargo de capellán del Hospital de San Nicolás en 1697: era hijo de Miguel Martínez y Francisca de Soria (Utrera, *Universidades*, 201). ¿El capitán sería su padre o su hermano?

Hispalis enixa est, si India nostra tenet.
Leiva hic mellifluos soluit mihi faen ore fructus:
Parturit ore favos, parturit ore rosas.
Vive ergo in tems felix, et sedibus altis;
Haec, qui verba iubet scribere, signat amor.
Doña Tomasina de Leiva,
O domine, in scriptis elegans ad sidera pergis;
Dulcia eis miscens, utile das sapidum.
Dupliciter prosa incantas et carmine canis
At bona si incantas, attamen hoc renovas[126] [127]

c) El siglo XVIII

En el siglo XVII, durante breve tiempo, Santo Domingo se reanima, como su metrópoli.

Pero no alcanza el esplendor de gran parte de América, y el movimiento favorable de la época de Carlos III se convierte en descenso bajo Carlos IV. La decadencia se vuelve catástrofe cuando, en 1795, España cede su parte, sus dos tercios de isla, a Francia, ganosa de extender allí la actividad productora que había dado opulencia a los señores de la colonia occidental, la famosa Saint-Domingue. Bien pronto se disipa la ilusión: muy pocos años después, el huracán de libertad, igualdad y fraternidad sopló sobre Saint-Domingue, cuya riqueza se asentaba sobre la esclavitud, y de la rebelión de los esclavos

---

[126] El dominico fray Diego de la Maza publicó en Madrid, 1693, un Memorial en que se da cuenta a... Carlos II... del estado en que se halla el Convento Imperial de Santo Domingo, Orden de Predicadores, en la Isla Española, y de lo que han trabajado y trabajan sus religiosos... Este memorial, de 16 hojas en folio, según catálogo de Maggs Brothers (*Biblioteca Americana*, VI, Londres, 1927, pág. 142), es una historia del Convento Domínico y de la Universidad de Santo Tomás. Fray Diego de la Maza (Utrera, *Universidades*, 155 y 205) recibió del capítulo general de su Orden en Santo Domingo, en 1686, el título de Presentado; en 1700 aparece en La Habana solicitando de la corona la creación de la Universidad cubana.

[127] El señor Trelles cita como escritor dominicano a «Fray Francisco Jarque (1636-1691)», atribuyéndole una reseña de las misiones jesuíticas en el Tucumán, el Paraguay y el Río de la Plata, asunto sobre el cual efectivamente escribió, y el Tesoro de la lengua guaraní, que es del limeño Ruiz Montoya. Pero Jarque no es dominicano: es aragonés, de Orihuela de Albarracín, nadó en 1609 (no en 1636); vivió en las regiones que constituyen la Argentina actual y escribió, entre otras obras, Insignes misioneros en la provincia del Paraguay, Pamplona, 1687, y *Vida prodigiosa... del Venerable Padre Antonio Ruiz de Montoya*, Zaragoza, 1662, reimpresa en Madrid, 1900, en cuatro vols., con el título de *Ruiz Montoya en Indias*.
Consultar: Medina, *Biblioteca hispano-americana*.

nació la República de Haití. En 1804, los franceses habían abandonado su colonia primitiva, arruinada ya por la insurrección. Paradójicamente, mantuvieron su gobierno en la parte que diez años antes formaba parte del imperio español y que persistía en sus sentimientos hispánicos; pero en 1808 los dominicanos se levantaron contra los franceses y se reincorporaron a España. El último y débil gobierno español «la España Boba», duró trece años, hasta la independencia de 1821.[128]

Dominicanos que se distinguen en las letras, durante el siglo XVIII, son Antonio Meléndez Bazán, Pedro Agustín Morell de Santa Cruz, Antonio Sánchez Valverde, Antonio y Jacobo de Villaurrutia.

Antonio Meléndez Bazán,[129] abogado, rector de la Universidad de México, escribió sobre cuestiones jurídicas. Beristáin lo declara «eminente en la ciencia de ambos derechos, y muy perito en las letras humanas, y en la historia, y de un juicio maduro acompañado de la más honrada integridad».

Pedro Agustín Morell de Santa Cruz,[130] fue obispo de Nicaragua, después, obispo de Cuba, «el obispo» cuyo nombre llevaba —y oralmente lleva

---

128 Graves como fueron los males de la isla desde el siglo XVI, todavía hay graves exageraciones al referirlos: la sombra de Las Casas preside. Menéndez y Pelayo, en su *Historia de la poesía hispano-americana*, I, 295, registra el dato de que toda la colonia española de Santo Domingo tenía seis mil habitantes en 1737. Dato erróneo, porque, sin ayuda de inmigración importante, cuarenta años después, de acuerdo con los padrones parroquiales, se calcula la población de la colonia en 117.300 habitantes. El censo de 1785 da 142.000, cual indica que los padrones de 1777 se quedaban cortos. Moreau de Saint-Méry, en 1783, calculaba 125.000. En los años finales del siglo, con motivo de la cesión a Francia, 1795, y después en los comienzos del XIX, con motivo de las incursiones de los haitianos, se calcula en 10.000 el número de habitantes que emigraron a Cuba, Puerto Rico, Venezuela, Colombia y México. La emigración debe de haber sido mayor: el censo que el gobierno español levantó en 1819 solo daba 63.000 habitantes.

129 De Antonio Meléndez Batán los únicos trabajos impresos que se mencionan son el *Memorial jurídico por doña Mariana Cantabrana sobre derecho a la herencia de su nieto difunto sin testamento*, México 1714, y la *Exposición del derecho del Tribunal del Consulado de México para exigir ciertas contribuciones*, México, 1718. «Murió de avanzada edad en 1741, siendo decano de la Facultad de Leyes en la Universidad, de que también fue rector», dice Beristáin. Se había doctorado allí; fue asesor de tres virreyes y del Tribunal del Consulado.

130 Pedro Agustín Morell de Santa Cruz nació en Santiago de los Caballeros en 1694 y murió en Santiago de Cuba el 30 de diciembre de 1768. Merece señalarse, desde el siglo XVIII, la importancia de Santiago de los Caballeros como ciudad culta, unida a su importancia como centro económico: después de Morell, nacerán en ella Andrés López de Medrano, Antonio del Monte y Tejada, Francisco Muñoz del Monte, José María Rojas, el arzobispo Portes. Antes, de 1550 a 1700, la cultura de la isla estaba concentrada en la ciudad capital, salvo la que había en los conventos (recuérdese, como prueba, que Las Casas vivió y escribió en el dominico de Puerto Plata). Morell —hijo del maestro de campo Pedro Morell de Santa Cruz, emparentado con los Del Monte y los Pichardo, que tomo parte en la defensa de Santo Domingo contra los ingleses en 1655 (V.

todavía— una de las más famosas calles de La Habana, la «Calle Obispo», en homenaje a su valerosa actitud y sus sufrimientos cuando los ingleses ocuparon la ciudad en 1762. Escribió una *Historia de la isla y Catedral de*

Sigüenza y Góngora, Trofeo de la justicia española)—, estudió en la Universidad de Santo Tomás hasta obtener bachillerato y licenciatura; en la de San Jerónimo, de La Habana, se doctoró en Cánones (1757). Designado (1715) para una canonjía de Santo Domingo antes de ordenarse sacerdote (1718), no llegó a tomar posesión del cargo; provisor y vicario en Santiago de Cuba, 1718; deán, 1719-1749; obispo de Nicaragua (designado, según Calcagno, en 1745) 1751-1753; obispo de Santiago de Cuba, desde 1753 hasta su muerte (el obispado comprendía entonces toda Cuba, Jamaica, la Florida y la Luisiana).

Su *Historia de la isla y Catedral de Cuba*, escrita hacia 1760, se publicó con buen prólogo de don Francisco de Paula Coronado, La Habana, 1929, XXVIII m. 305 págs., edición de la Academia de la Historia de Cuba. Su *Carta pastoral con motivo del terremoto de Santiago de Cuba* se imprimió en La Habana, 1766, y se reimprimió en Cádiz; se habla de otra *Carta pastoral* impresa en La Habana, 1799; la *Relación histórica de los primitivos obispos y gobernadores de Cuba* está publicada en las *Memorias de la Sociedad Patriótica*, de La Habana, 1841, XII, 215-239; su *Visita apostólica de Nicaragua y Costa Rica*, en la Biblioteca del *Diario de Nicaragua*; 1909, con el título de *Documento antipo*; en la biblioteca que fue de García Icazbalceta, en México, existe el manuscrito original, con fecha 8 de septiembre de 1752, en más de doscientas hojas. Hay noticias, además, de una *Relación de la visita eclesiástica de la ciudad de La Habana y su partido en la Isla de Cuba, hecha y remitida a Su Majestad (que Dios guarde) en su Real y Supremo Consejo de Indias*, en 1757, que según se dice existe en el Archivo de Indias, y una *Relación de las tentativas de los ingleses contra los españoles en América*, que se considera perdida. La *Relación histórica de los gobernadores de Cuba desde 1492 hasta 1747*, que cita Jacobo de la Pezuela en su *Historia de Cuba*, cuatro vols., Madrid, 1868, y que el señor Trelles menciona como obra aparte, debe de ser la *Relación...*, de los obispos y gobernadores.

Sobre Morell: además del prólogo de Coronado, Diego de Campos, *Relación y diario de la prisión y destierro del Ilmo. señor don Pedro Agustín Morell de Santa Cruz, en décimas*, La Habana, s. a. (1763); José Agustín de Castro Palomino, *Elogio fúnebre* (lo anota el señor Trelles sin dar fecha de impresión); *Noticia histórica de la vida del iustrísimo señor doctor don Pedro Agustín Morell de Santa Cruz...*, de autor desconocido, en las *Memorias de la Sociedad Patriótica*, de La Habana, 1842, XIII, 270-290; José Antonio Echeverría, *Historiadores de Cuba*, II, Morell de Santa Cruz, en la revista *El Plantel*, de La Habana, 1838, págs. 60-63 y 74-79, reproducido en la *Revista de Cuba*, VII, 381-397, y en la *Revista de la Biblioteca Nacional*, de La Habana, 1910, III, 3-6 y 135-151; José Antonio Saco, *Colección de papeles científicos, históricos, políticos..., sobre la Isla de Cuba*, tres vols., París, 1858-1858 (el tomo II, 397 y sigs.); Domingo del Monte, Biblioteca cubana (1846), La Habana, 1882 (y en la *Revista de Cuba*, XI, 289-305, 476-482 y 527-550); Jacobo de la Pezuela, *Diccionario geográfico, estadístico, histórico de la Isla de Cuba*, cuatro vols., Madrid, 1863; Calcagno, *Diccionario biográfico cubano*; Trelles, *Ensayo de bibliografía cubana de los siglos XVII y XVIII*, Matanzas, 1907, págs. 29, 32, 75, 77-78, 110, 115-116, 121-122, 208; Santiago Saiz de la Mora (Redif), Un obispo desterrado por los ingleses..., en la *Revista Habanera*, diciembre de 1913, I, n.º 13; José María Chacón y Calvo, El primer poema escrito en Cuba, en la *Revista de Filología Española*, de Madrid, 1921, VIII; Max Henríquez Ureña, Hacia la nueva Universidad, en la revista *Archipiélago*, de Santiago de Cuba, 31 de octubre de 1928: recuerda los esfuerzos del obispo por establecer una Universidad en Santiago de Cuba; Cristóbal de La Habana, Recuerdos de antaño: prisión y deportación del obispo Morell en 1762, en la revista *Social*, de La Habana, noviembre de 1929.

Cuba, que fue muy consultada en manuscrito, durante cien años, y al fin se publicó en 1929; está incompleta y es de todos modos obra imperfecta en su plan y desarrollo; pero está escrita en prosa limpia y agradable, es fuente histórica útil, y para la literatura de América ha conservado el primer poema escrito en Cuba, el *Espejo de paciencia*, del canario Balboa. El obispo dejó otros escritos; ninguno de carácter literario.

Antonio Sánchez Valverde[131] fue escritor fecundo, que publicó ocho volúmenes por lo menos. Orador activo, gustó de discurrir sobre los principios de la elocuencia sagrada; amante de su tierra, la defendió y elogió en España, proponiendo remedios contra su abandono y desolación, justamente poco antes de que la metrópoli la entregara en manos extrañas: su *Idea del valor de la Isla Española* es la última grada de la escala que comienza con los memoriales del siglo XVI. Sánchez Valverde aspiró a más: aspiró a escribir una «historia completa de la isla», viendo «cuán defectuosas eran las que hasta entonces se habían escrito». Hacía dieciocho años, en 1785, que acopiaba materiales; ya antes que él los reunía su padre. Pero la muerte le sobrevino cinco años después: no sabemos en qué punto estaría la historia pensada. La Idea ha sido muy consultada como fuente histórica, a pesar de sus imperfecciones; ahora la hacen inútil las investigaciones modernas y la publicación

---

[131] Antonio Sánchez Valverde y Ocaña nació en Santo Domingo en 1729 y murió en México el 9 de abril de 1790.
Licenciado en teología y en cánones; catedrático de la Universidad de Santo Tomás; racionero en la Catedral de Santo Domingo y en la de Guadalajara de México. Estuvo también en Venezuela y en España, donde publicó sus obras: El predicador, tratado dividido en tres partes, al cual preceden unas reflexiones sobre los abusos del pulpito y medios de su reforma, Madrid, 1782, LV más 152 págs.; Sermones panegíricos y de misterios, dos vols., Madrid, 1783, 240 y 241 págs. (cuatro sermones en cada volumen: fueron predicados en Santo Domingo, en Caracas y en Madrid); *Idea del valor de la Isla Española* y utilidades que de ella puede sacar su monarquía, Madrid, 1785, 208 págs.; incompleta, Santo Domingo, 1862; La América vindicada de la calumnia de haber sido madre del mal venéreo (la sífilis), Madrid, 1785, LXXXIX págs. (con muchas indicaciones bibliográficas sobre el asunto); Examen de los sermones del padre Eliseo, con instrucciones utilísimas a los predicadores, fundado y autorizado con las Sagradas Escrituras, Concilios y Santos Padres, dos vols., Madrid, 1787, 239 y 252 págs.; Carta respuesta... en que se disculpa en el modo que es posible de los gravísimos errores que en sus sermones le reprehendió don Teófilo Filadelfo, Madrid, 1789. Según Beristáin, además, tres tomos de *Sermones*.
Don Américo Lugo dice haber leído en París, en la Sala Mazarín, una buena traducción francesa, hecha por M. Sorret en Haití, antes de 1802, de la *Idea del valor de la Isla Española*: Curso oral de historia colonial de Santo Domingo.
Consultar: Beristáin; Trelles; Medina. *Biblioteca hispano-americana*, V, 180, 191, 216-218 y 250-251; VII, 143; Utrera, *Universidades*, 348, 472-473, 519 y 533.

de documentos y libros antiguos. Pero el libro se mantiene en pie por sus descripciones: es extracto del extenso «conocimiento territorial» que el autor poseía, con informaciones variadísimas.

De los hermanos Villaurrutia,[132] Antonio escribe sobre asuntos de derecho. Jacobo es hombre múltiple, «muy siglo XVIII, especie de breve y pálida

---

132 El padre de los Villaurrutia, Antonio Bernardino de Villaurrutia y Salcedo, era mexicano. Tuvo un hermano, Francisco, sacerdote y poeta. Fue oidor en Santo Domingo durante largos años (desde 1746 por lo menos; en 1752 ya era oidor decano: Utrera, *Universidades*, 212, 213, 228, 263, 309, 313, 317, 319, 320) y allí nacieron sus hijos: Antonio, el 15 de octubre de 1754 (no en 1755, como dice Beristáin); Jacobo, el 23 de mayo de 1757. La madre se llamaba María Antonia López de Osorio. Como el padre se trasladó al fin a México con el cargo de oidor (después fue regente de la provincial de Guadalajara y gobernador de la provincia) allí recibieron educación los hijos.
Antonio se recibió de abogado en México; pasó a España, donde incorporó su título de licenciado en los Reales Colegios y redactó con su hermano Jacobo (el redactor principal) El Correo de Madrid (o de los Ciegos), 1786-1790, «obra periódica en que se publican rasgos de vada literatura, noticias, y los escritos de toda especie que se dirigen al editor»: uno de los curiosos periódicos misceláneos de la época; salía miércoles y sábados, y alcanzó a siete tomos con más de tres mil páginas a dos columnas. Perteneció, con su hermano Jacobo, a sociedades de cultura de las que pululaban en el siglo XVIII y fueron miembros de la Real Academia de Derecho Público de Santa Bárbara y socios fundadores (1785) de la Academia de Literatos Españoles, de Madrid, a que pertenecieron el helenista Antonio Ranz Romanillos, traductor de Isócrates y de Plutarco, y el dominicano Sánchez Valverde. De 1787 a 1809 fue oidor en Charcas; incidentalmente gobernador de Puno; en 1809, regente de la Audiencia de Guadalajara, en México, como su padre. Volvió a España y allí murió siendo consejero de Indias. Bajo el seudónimo de Francisco de Osorio publicó una Disertación histórico-canónica sobre las exenciones de los regulares de la jurisdicción ordinaria episcopal, Madrid, 1787.
Jacobo, después de comenzar estudios en México, inclinándose a la carrera eclesiástica, a los quince años de edad pasó a España con Lorenzana, que había sido arzobispo de México. Estudió en las Universidades de Valladolid, Salamanca y Toledo; la toledana le dio los grados de maestro en artes y doctor en leyes: como se ve, no persistió en la vocación sacerdotal, y hasta se casó dos veces. Empezaba a tener éxito como abogado, pero aceptó el corregimiento de Alcalá; después de servirlo cinco años, se le nombró oidor en Guatemala, 1792, donde dirigió la *Gaceta*, reformándola para hacerla órgano de cultura, y fundó y presidió la Sociedad Económica. Pasó de Guatemala a México en 1804 como alcalde de crimen en la Audiencia. En 1805 fundó con Bustamante (1774-1850) el *Diario de México*, donde da muestra de sus ideas sobre reforma ortográfica: suprime, por ejemplo, la b y escribe que en vez de que; pero no siguió largo tiempo al frente del periódico: le sucedió el laborioso y bien intencionado Juan Wenceslao Barquera (1779-1840) hasta 1810. El *Diario* duró hasta 1817. Villaurrutia intervino en las juntas políticas de 1808 en que se discutía cuál debía ser la actitud de México ante la situación creada en España por la invasión napoleónica y la abdicación de los reyes: como consecuencia, y a pesar de su honradez, fue víctima de intrigas, y en vez del puesto de oidor en México, que solicitaba, se le nombró en 1810 oidor en Sevilla. No quiso aceptar el traslado, considerándolo injusto: pero al fin salió para España en 1814 y fue oidor en Barcelona. Consumada la independencia mexicana, regresó a México y fue regente de la Audiencia. La Constitución de 1824 transformó la Audiencia en Suprema Corte de Justicia; Villaurrutia no pudo pertenecer a ella, porque se le atribuía la nacionalidad española: se ignoraba que en 1821 Santo Domingo se había separado de España. Después de ocupar cargos diversos,

copia de Jovellanos». Comenzó su educación en México, adonde lo llevó su padre, que era oidor; la completó en Europa, adonde lo llevó en su séquito el fastuoso y brillante Cardenal Lorenzana. En España permaneció unos veinte años, se hizo abogado y ejerció el cargo de corregidor de letras y justicia mayor en Alcalá de Henares, donde mejoró la instrucción pública, el ornato urbano, el orden policial, y fundó una escuela de hilados. Adquirió y cultivó aficiones de «espíritu avanzado»: le preocuparon el problema de la felicidad humana, las normas jurídicas, el pensamiento de los monarcas filósofos, la situación de las clases obreras, el periodismo, el progreso del teatro, la enseñanza del latín, las reformas ortográficas, la novela inglesa. No cayó en la heterodoxia, como el gran peruano Olavide, y combinó, como mejor pudo, las ideas de su siglo con la tradición católica: le quedó tiempo para ocuparse en cuestiones de teología e historia eclesiástica. Se le ve intervenir en la fundación de sociedades de literatos y de juristas; redactar El Correo de Madrid, o de los Ciegos, con su hermano Antonio; publicar Pensamientos escogidos de Marco Aurelio y Federico II de Prusia; instituir premios para el

---

se le eligió por fin miembro de la Suprema Corte y la presidió en 1831. Murió en 1833, durante la epidemia de cólera.

Escribió, según Beristáin, los Estatutos para una *Academia teórico-práctica de jurisprudencia en la ciudad de Valladolid*, en 1780 (no se imprimieron); según Alamán, un *Manual de ayudar a bien morir*, impreso en ortografía reformada; publicó *Pensamientos escogidos de las máximas filosóficas del emperador Marco Aurelio, sacadas del espíritu de los monarcas filósofos*..., bajo el seudónimo de Jaime Villa López, Madrid, 1786; *La escuela de la felicidad*, narraciones, según parece, «traducción libre del francés, aumentada con reflexiones y ejemplos», y dividida en «cuatro lecciones», bajo el anagrama de Diego Rulavit y Laur, Madrid, 1786, 42 más 141 págs.; *Memorias para la historia de la virtud*, traducción de la novela richardaoniana de Frances Sheridan (1724-1766) *Memoirs of Miss Sidney Bidulph* (1761-1767); la traducción de Villaurrutia no es directa del inglés; procede de la versión francesa (el Abate Prévost puso en francés la primera parte de la novela; la versión de la segunda parte aunque figura entre sus obras, no pudo hacerla él porque había muerto —1763— cuando se publicó el original inglés: 1767). Villaurrutia solo tradujo la primera parte: ocupa cuatro pequeños volúmenes, Alcalá, 1792. Recientemente, Aldous Huxley ha pedido a la olvidada novela de Frances Sheridan el asunto de una obra teatral, *The discovery*.

Consultar: Además de Beristáin, Juan Sempere y Guarinos, *Ensayo de una biblioteca española de los mejores escritores del reinado de Carlos III*, en seis vols., Madrid, 1785-1789 (tomo IV, pág. 195); Lucas Alamán, *Historia de México*, en cinco vols., México, 1849-1852 y especialmente I, 50-51 y 90); Francisco Pimentel, *Novelistas y oradores mexicanos*, en sus *Obras completas*, tomo V, México, 1904; *Diccionario universal de historia y de geografía*, apéndice III, México, 1856 (el artículo Villaurrutia se reprodujo en la revista *Ateneo*, de Santo Domingo, 1911); Medina, *Biblioteca hispano-americana*, y, 154, 222-223, 232, 244, 249, 315-316 y 416; Antología del Centenario, de Urbina, Henríquez Ureña y Rangel, México, 1910, págs. XXI, LVI-LXXI, 227, 1011-1013 y 1051-1052; mis Apuntaciones sobre la novela en América, en la revista Humanidades, de la Universidad de La Plata, 1927, XV, 140-146 (hay tirada aparte en folleto).

drama. En Guatemala, donde fue oidor de 1792 a 1804, dio impulso a la cultura con sociedades y publicaciones. En México, adonde regresó en 1804, fundó en 1805, con el prolífico escritor y ardoroso patriota Carlos María de Bustamante, el primer periódico cotidiano de la América, española, el interesantísimo *Diario de México*, el más completo muestrario de la cultura mexicana a fines de la época colonial. Partícipe en las agitaciones políticas que en 1808 estuvieron a punto de separar a México de España, y, según Alamán, el único que procedió de buena fe en aquel conflicto de ambiciones encontradas, se vio obligado a salir de la colonia, so color de ascenso, y pasó en Europa unos cuantos años. Después de la independencia regresó a México y allí murió, después de presidir la Suprema Corte de Justicia.[133] [134] [135] [136] [137]

---

133 Luis José Peguero escribió en 1762-1763 una *Historia de la conquista de la Isla... de Santo Domingo*, que se conserva en dos volúmenes manuscritos en la Biblioteca Nacional de Madrid (mss. 1479 y 1837). Dejó también un «Cuaderno de notas, apuntes y versos», manuscrito que acaba de descubrir don Emilio Rodríguez Demorizi, y un romance «a los valientes dominicanos», que figura en su *Historia*; al final de ella puso unos *Discursos concisos morales dedicados a sus hijos*. Consta que en 1762 residía en un hato de San Francisco y el Rosario en el valle de Baní. El licenciado Rodríguez Demorizi ha encontrado además unos versos de N. N. en elogio de Peguero: supone que N. N. sea el lector dominico Nicolás Núñez (Utrera, *Universidades*, 512 y 513).
Consúltese: Emilio Rodríguez, El primer escritor de Baní, en la revista *Baboruco*, de Santo Domingo, noviembre de 1935.

134 Dominicano debía de ser el presbítero José Agustín de Castro Palomino, autor del *Elogio fúnebre del obispo Morell:* después de haber sido cura en Cuba, fue secretario de cámara y de gobierno en la Audiencia de Santo Domingo (su firma aparece de 1775 a 1780). Según Trelles, escribió en 1783 una *Breve descripción de la Isla de Santo Domingo*, en veinticinco hojas.

135 El padre Juan Vázquez, cura de Santiago de los Caballeros, que murió quemado vivo en 1804 en el coro de su iglesia, cuando las tropas de los invasores haitianos degollaron a los habitantes, escribía versos, y de él se recuerda una quintilla escrita poco antes de su muerte, cuando se decía que barcos ingleses rondaban las aguas de la isla:

Ayer español nací,
a la tarde fui francés,
a la noche etíope fui,
hoy dicen que soy inglés:
no sé qué será de mí.

136 El señor Trelles cita en su bibliografía al doctor Agustín Madrigal Cordero, cura de la catedral, de quien solo se sabe que haya escrito las anotaciones de su *Diario de misas*: el manuscrito cataba en poder de Apolinar Tejera, en 1922 (V. *Literatura dominicana*, 86). Era rector de la Universidad de Santo Tomas cuando se cerró, hacia 1801, a la entrada de las tropas francesas. Había nacido en 1753.
Consultar: Utrera, *Universidades*, 268, 270-271, 489-490, 522.

137 Gran fama tuvo como jurisconsulto el doctor Vicente Antonio Faura (1750-1797); muy celebrado su informe de 1790 contra la extradición de los fugitivos políticos franceses Ogé y Chavannes.

IX. La emigración

Desde 1795, cuando en el Tratado de Basilea Carlos IV cede a Francia la parte española de la Isla de Santo Domingo —«acto odioso e impolítico», lo llama Menéndez y Pelayo, en que los ciudadanos españoles fueron «vendidos y traspasados por la diplomacia como un hato de bestias»—, las familias pudientes comienzan a emigrar. Pocos años después, la insurrección de los haitianos, y sus sangrientas incursiones en la antigua porción española, que consideraban hostil, aceleran la emigración hacia Cuba y Puerto Rico, Venezuela y Colombia. Cuba, país próspero ya, recibe el núcleo principal de emigrantes; su cultura, que empezaba a florecer, madura rápidamente con el vigor que le prestan los dominicanos de tradición universitaria: es ya lugar común el recordarlo. La influencia dominicana no se limitó a la cultura intelectual: se extendió a todas las formas de vida social. Manuel de la Cruz, el crítico cubano, habla de «aquellos hijos de la vecina isla de Santo Domingo que, al emigrar a nuestra patria en las postrimerías del siglo XVIII, dieron grandísimo impulso al desarrollo de la cultura, siendo para algunas comarcas, particularmente para el Camagüey y Oriente, verdaderos civilizadores».

Hasta el primer piano de concierto que sonó en Cuba lo llevó una familia dominicana, la del doctor Bartolomé de Segura, en cuya casa dio el maestro alemán Carl Rischer las primeras lecciones en aquel instrumento. Refiriendo el caso, el compositor Laureano Fuentes Matons comenta: «las familias dominicanas..., como modelos de cultura y civilización nos aventajaban en mucho entonces». Pero entre 1795 y 1822 la emigración, si bien frecuentísima, no se consideraba definitiva: muchas familias conservaban allí puestas sus casas (así José Francisco Heredia), regresaban a atender sus intereses, y sus hijos aparecen concurriendo a la Universidad de Santo Tomás; solo después de la última invasión de Haití la ausencia se hace irrevocable.

Naturalmente, no todas las familias cultas emigraron: muchas hubo que permanecieron en el país destrozado, o porque sus riquezas no eran fácilmente transferibles, o porque no las tenían, o por apego al terruño, a pesar

---

Vicerrector de la Universidad de Santo Domingo, oidor honorario de la Audiencia de Caracas, se le había nombrado alcalde del crimen para la Audiencia de México cuando murió.
Consultar: José Gabriel García, *Rasgos biográficos de dominicanos célebres*, Santo Domingo, 1875; Utrera, *Universidades*, 451, 457, 521 y 537; Luis Emilio Alemar, en «Fecha históricas dominicanas», publicadas en el *Listín Diario*, de Santo Domingo, 1926 a 1929.

de que las tierras vecinas no se veían como tierras extranjeras, sino como porciones de la gran comunidad hispánica, entonces efectiva y espontáneamente sentida por todos sin necesidad de prédica.[138]

Entre los primeros emigrantes se contó José Francisco Heredia,[139] que llegó a ocupar el cargo de regente en la Audiencia de Caracas y el del

---

[138] Sobre los dominicanos en Cuba: Manuel de la Cruz (1861-1896), Literatura cubana, Madrid, 1924, págs. 156-157 (hay también referencias a dominicanos en las págs. 11, 55, 68, 79-80, 185, 273, 391, 422); Max Henríquez Ureña, La literatura cubana, en la revista Archipiélago, de Santiago de Cuba, 1928-1929; mi conferencia Música popular de América, en Conferencias del Colegio de la Universidad de La Plata, 1930, pág. 207, nota (con cita de Laureano Fuentes Matons).
Sobre Bartolomé de Segura: Utrera, Universidades, 473, 522 y 540; Calcagno, Diccionario biográfico cubano. El padre Utrera da el segundo apellido de Segura como Mueses; Calcagno lo da como Mieses: uno y otro son apellidos dominicanos viejos; de ser Mieses, deberíamos suponer a Segura pariente de José Francisco Heredia.
Nombres de las principales familias dominicanas que emigraron a Cuba de 1796 a 1822: Angulo, Aponte, Arán, Arredondo, Bernal, Caballero, Cabral, Campuzano, Caro (o Pérez Caro), Correa, Del Monte, Fernández de Castro, Foxá, Garay, Guridi, Heredia, Lavastida, Márquez, Mieses, Miura, Monteverde, Moscoso, Muñoz, Pichardo, Ravelo, Rendón, Segura, Solá, Sterling, Tejada. Como eran, en su mayor parte, familias de antiguo arraigo en Santo Domingo, estaban todas ligadas entre sí. Pero en Santo Domingo quedó parte de ellas: hasta hubo quienes regresaran, como los Angulo Guridi, a mediados del silo XIX, cuando los haitianos habían sido definitivamente expulsados. Abundan todavía los descendientes de los Arredondo, Bernal, Caro, Del Monte, Fernández de Castro, Heredia, Lavastida, Márquez, Mieses, Miura, Moscoso, Pichardo, Ravelo, Tejada.
Entre los escritores dominicanos del siglo XIX, eran parientes de José María Heredia y Heredia, «el cantor del Niágara», de José María de Heredia y Girard, el sonetista de Les trophées (1842-1905), y del matancero Severiano Heredia y Arredondo, periodista, maite de París y ministro de gobierno en Francia, Javier (1816-1884) y Alejandro (1818-1906) Angulo Guridi, Manuel Joaquín (e. 1803-e. 1875) y Félix María (1819-1899) del Monte, Encarnación Echavarría de Del Monte (1821-1890), el badilejo José Francisco Heredia (Florido), Manuel de Jesús Heredia y Solá, Josefa Antonia Perdomo y Heredia (1834-1896), Nicolás Heredia (e. 1849-1901), Miguel Alfredo Lavastida y Heredia, Manuel Arturo Machado (1869-1922), descendiente de Oviedo y de Bastidas. Los Heredia descendían también de Oviedo, según el poeta cubano-francés; y la carta suya que cita Piñeyro en nota a la pág. xiv de las Memorias del Regente de Caracas.

[139] La obra de José Francisco Heredia y Mieses (1776-1820) pudo salvarse de la extinción gracias al interés que despierta su hijo «el cantor del Niágara». El padre, miembro de familias ilustres de la colonia, descendiente del conquistador Pedro de Heredia, nació en Santo Domingo el 1 de diciembre de 1776; recibió el grado de doctor en ambos derechos en la Universidad de Santo Tomás, y, según Piñeyro, fue allí catedrático de cánones (Utrera, Universidades, no da noticia de ello). Casó con Mercedes Heredia y Campuzano, su prima, nacida en Venezuela, de padres dominicanos. Emigró después del Tratado de Basilea, visitó Venezuela, residió en Cuba ejerciendo de abogado, y en 1806 se le nombró asesor del gobierno e intendencia de la Florida occidental; en 1809 oidor de Caracas, adonde llegó en 1811, después de larga espera en Coro, Maracaibo y Santo Domingo. Fue regente interino de la Audiencia; le tocó presenciar gran parte de la revolución de la independencia venezolana; se mantuvo fiel al gobierno español, pero trató siempre de evitar injusticias y crueldades; al fin, víctima de la ojeriza de los militares, se les trasladó a México como alcalde del crimen: llegó allí a mediados de 1819, después de largo descanso en La Habana.

alcalde del crimen en la de México; hombre de acrisolada integridad y de bondad excepcional; historiador excepcional también por su don de emoción contenida, su honestidad intelectual, su firme amor a la justicia, su dolorido amor al bien. Del siglo XVIII recibió la fe en la humanidad, pero le tocó verla de cerca en delirios de crueldad y de odio. A sus *Memorias sobre las revoluciones de Venezuela* hay que atribuirles, dice el distinguido escritor cubano Enrique Piñeyro, «además de su valor como obra literaria... suma importancia histórica por los datos preciosos que contienen y por los documentos que las acompañan...» Hay en ellas «una seguridad de criterio, una imparcialidad de espíritu y una firmeza de pluma bastante poco comunes. Quizás de ningún espacio importante de la historia de la independencia hispano-americana exista otro trabajo que en su género pueda comparársele, tan completo, superior e interesante...». Merece el autor «muy alto lugar entre los prosistas americanos de la primera mitad del siglo XIX; viene en realidad a ocupar un puesto que estaba vacío en la lista de los historiadores de la independencia, a igual distancia, por la absoluta, constante y sincera moderación, del tono panegírico que a veces debilita la puntual y elegante relación de Baralt como de la ceñuda hostilidad que cruelmente afea y desautoriza el libro de Torrente».

Murió en México el 30 de octubre de 1820, agotado por los males morales y físicos que padeció en Venezuela.

Tradujo del inglés, poniéndole notas y apéndice, la *Historia secreta de la Corte y Gabinete de Saint-Cloud*, distribuida en cartas escritas a París el año de 1805 a un Lord de Inglaterra, probablemente de Lewis Goldsmith; se publicó la traducción, con la firma «un español americano», en México, 1808. Del inglés, también, tradujo en 1810 la *Historia de América*, de Robertson, que no se publicó: Piñeyro alcanzó a ver el manuscrito.

Escribió en 1818, de descanso en Cuba, las *Memorias sobre las revoluciones de Venezuela* (1810-1815), que Enrique Piñeyro publicó, con extenso estudio biográfico, en París, 1895 (el estudio está reimpreso separadamente en el volumen *Biografías americanas*, París, s. a., e. 1910); se reimprimieron, incompletas, en la Biblioteca Ayacucho, Madrid, s. s., e. 1918.

Consultar: Andrés Bello, artículo sobre José María Heredia, en la revista *Repertorio Americano*, de Londres, 1827, reproducido en el tomo VII de sus *Obras completas*, Santiago de Chile, 1664 (pág. 260); Manuel Sanguily, don José Francisco Heredia, artículo publicado en la revista *Hojas Literarias*, de La Habana, 1895, y reproducido en el libro Enrique Piñeyro (tomo IV de las Obras de Sanguily); J. Deleito y Piñuela, «Memorias del regente Heredia», en su libro *Lecturas americanas*, Madrid, 1920; Manuel Segundo Sánchez, *Bibliografía venezolanista*, Caracas, 1914 (V. págs. 156-157); Carlos Rangel Báez, «El regente Heredia», en la revista *Cultura Venezolana*, de Caracas, octubre-noviembre de 1927; el interesante libro de José María Chacón y Calvo, *Un juez de Indias*, Madrid, 1933.

Contemporáneos de José Francisco Heredia son fray José Félix Ravelo,[140] rector de la Universidad de La Habana en 1817; los jurisconsultos Gaspar de Arredondo y Pichardo, magistrado en la Audiencia del Camagüey, heredera de la de Santo Domingo mientras duraron los efectos del Tratado de Basilea, y Juan de Mata Tejada, pintor además e introductor de la litografía en Cuba; el médico y escritor José Antonio Bernal y Muñoz, catedrático de la Universidad habanera, uno de los propagadores de la vacuna en compañía de Romay.

Pertenecen ellos a la primera generación de emigrados. Después se pueden discernir dos grupos: los hijos de dominicanos nacidos en nuevo solar y los nacidos todavía en la tierra de sus padres.

En Cuba, la primera gran generación de pensadores y poetas, la primera de talla continental, la de Varela, Saco y Luz Caballero, está constituida en gran parte por los descendientes de dominicanos: Domingo del Monte,[141]

---

140 Sobre el doctor Ravelo, sobre el licenciado Arredondo (1773-1859), sobre el doctor Tejada (1790-1835), sobre el doctor Bernal (1775-1853), consúltese Calcagno, *Diccionario biográfico cubano*, donde además figura el sacerdote Manuel Miura y Caballero (1815-1869). El padre Utrera, *Universidades*, da noticias del licenciado Arredondo (págs. 522 y 539) y de Bernal (522 y 538). Apolinar Tejera, *Literatura dominicana*, 94-95, menciona el *Historial de la salida del licenciado Gaspar de Arredondo y Pichardo de la Isla de Santo Domingo el 28 de abril de 1805*: no se ha impreso. Antonio Bachiller y Morales, *Apuntes*, III, 195-196, menciona dos *Memorias de Bernal sobre el subnitrato de mercurio*, publicadas en La Habana, 1826 y 1827.

Contemporáneos de ellos son los jurisconsultos Sebastián Pichardo y Lucas de Ariza (m. 1856), cuya biografía trazó José Gabriel García en *Rasgos biográficos de dominicanos célebres*. Santo Domingo, 1875.

141 A Domingo del Monte y Aponte (1804-1853) se le llamó siempre en Cuba dominicano, por serlo sus padres: su nacimiento en Venezuela se veía, con razón, como cosa accidental (V., por ejemplo, *Cecilia Valdés*, la célebre novela de Cirilo Villaverde, 1882). Su padre, el doctor Leonardo del Monte y Medrano, nacido en Santiago de los Caballeros y graduado en la Universidad de Santo Tomás, fue en La Habana teniente de gobernador de 1811 a 1820, año en que murió. A pesar de la fama de Domingo del Monte, sus escritos no son hoy muy conocidos, porque pocas se han reimpreso. La mejor parte se halla quizá en la *Revista Bimestre de la Isla de Cuba* (1831-1834), órgano de la Sociedad Económica de Amigos del País, uno de cuyos principales animadores fue él. En este siglo se han publicado dos tomos de Escritos, con prólogo de José Antonio Fernández de Castro, y uno de Epistolario.

Consultar: Calcagno, *Diccionario biográfico cubano*; M. Menéndez y Pelayo, *Historia de la poesía hispano-americana*, I, 250-253 y 306; J. M. Chacón y Calvo, *Las cien mejores poesías cubanas*; Max Henríquez Ureña, *Antología cubana de las escuelas*; Mitjans, *Historia de la literatura cubana*, págs. 107, 135, 136, 139, 141, 145-146, 147, 156, 187, 189, 201, 213-214 y 245-246. No conozco el trabajo de J. E. Entralgo, *Domingo del Monte y su época*, ni el de Emilio Blanchet, «La tertulia literaria de Del Monte», en la *Revista de la Facultad de Letras y Ciencias*, de la Universidad de La Habana; José Augusto Escoto, al morir en 1935, tenía a medio hacer una *Vida de Del Monte*.

que comparte con Luz Caballero y Saco la dirección intelectual de la época (Luz practicaba el apostolado ético y la mayéutica filosófica, Saco señalaba orientaciones en problemas sociales y políticos, Del Monte ejercía la magistratura literaria, a la que servía de asiento su célebre tertulia); José María Heredia,[142] el poeta nacional de la patria cubana en esperanza; Narciso Foxá, versificador discreto; Francisco Javier Foxá, el dramaturgo; Esteban Pichardo, el lexicógrafo; Antonio del Monte y Tejada, el historiador; Francisco Muñoz del Monte, el poeta. De ellos, los tres primeros nacieron fuera de Santo Domingo: Del Monte en Venezuela; Narciso Foxá,[143] en Puerto Rico; solo Heredia en Cuba. Los cuatro últimos nacieron en Santo Domingo.

Francisco Javier Foxá[144] es cronológicamente el primer dramaturgo romántico de América y uno de los primeros de la literatura hispánica: escribió su

---

[142] No hacen falta pormenores sobre Heredia, uno de los poetas de América mejor conocidos. Su biografía definitiva la esperamos de la pluma de don José María Chacón y Calvo, autor del libro sobre el regente. Es singular que el poeta nacional de Cuba haya vivido muy poco tiempo en su tierra nativa y dolorosamente amada: menos de tres años entre su nacimiento y el traslado a la Florida; breve tiempo, quizá seis meses, de paso, en 1810; más de un año, probablemente, entre 1817 y 1819, mientras su padre se trasladaba de Venezuela a México; cerca de tres años, de mes de 1820 a 1823; breve tiempo en 1836: no se suman ocho años en una vida de cerca de treinta y seis. Donde vivió más tiempo, y fue ciudadano, es en México: más de quince años (1819-1820 y 1825-1839). En Santo Domingo estuvo en 1810, desde el mes de julio, y allí permaneció probablemente hasta 1812: según artículo de Alejandro Angulo Guridi, había estudiado en la Universidad de Santo Tomás; no pudo hacerlo en aquellos años; porque no había cumplido los nueve y la Universidad estuvo cerrada de 1801 a 1815, pero de todos modos estudiaba latín, y es fama que maravilló con sus conocimientos a Francisco Javier Caro, personaje dominicano de altos destinos futuros; el poeta Muñoz del Monte también admiró allí su precocidad y la recuerda en su elegía («En la orilla del Ozama...»; «Un doble lustro por ti pasado no había...»). No sabemos si al salir de Venezuela, en 1817, se detuvo en Santo Domingo: los complicados viajes de entonces permitirían pensarlo (en las *Memorias* de José Francisco Heredia, edición de 1895, el documento de 1810, págs. 236-237); entonces habría podido asistir, aun sin inscribirse, a la Universidad, que tenía alumnos muy jóvenes (Utrera, *Universidades*, 549-551, nos demuestra que había inscritos niños de nueve y de diez años en las aulas infantiles de gramática latina). Don Emilio Rodríguez Demorizi, en «El cantor del Niágara en Santo Domingo», en la revista *Analectas*, de Santo Domingo, 1 de noviembre, 1934, supone que el poeta asistiría en 1811 a la escuela seminario del futuro arzobispo Valera.

[143] Narciso Foxá y Lecanda nació en San Juan de Puerto Rico en 1822 y murió en París en 1883. Publicó *Canto épico sobre el descubrimiento de América por Cristóbal Colón*, en La Habana, 1846, y *Ensayos poéticos*, en Madrid, 1849, con juicio de Manuel Cañete.
Consultar: Marcelino Menéndez y Pelayo, *Historia de la poesía* hispanoamericana, 1, 339-340; Calcagno, *Diccionario biográfico cubano*; *Diccionario enciclopédico hispano-americano*; Mitjans, *Historia de la literatura cubana*, 268 y 271-273.
Su hija Margarita Foxá de Arellano dejó *Memorias*, de las que hizo caluroso elogio Enrique Piñeyro.

[144] Francisco Javier Foxá (1816-e. 1865), hermano mayor de Narciso, nació en Santo Domingo. Se sabe que compuso tres obras dramáticas: *Don Pedro de Castilla*, drama histórico en cuatro jornadas, en prosa y verso, escrito en 1836, estrenado y publicado en La Habana en 1838 (está

Don Pedro de Castilla en 1836, año siguiente al del estreno del primer drama español, plenamente romántico, el *Don Álvaro* de Rivas. Tuvo éxitos ruidosos, pero su obra es endeble.

Esteban Pichardo[145] fue activísimo geógrafo y escribió el primer diccionario de regionalismos en América, después del incompleto ensayo del ecuatoriano Alcedo: hasta ahora, no solo una de las mejores obras de su especie, sino una de las pocas buenas.

Antonio del Monte y Tejada[146] escribió en prosa magistral una *Historia de Santo Domingo*: esfuerzo grande para su tiempo, pobre en fuentes. Cuando deje de leerse como historia, podrá leerse como literatura.

---

mediocremente concebido y escrito: revela influencia de Víctor Hugo); *El templario*, drama caballeresco en cuatro jornadas, estrenado en La Habana en agosto de 1838 y publicado allí en 1839; *El juguete cómico* en verso, en un acto, *Ellos son*: no sé si llegó a imprimirse. Foxá fue coronado en el estreno de don Pedro de Castilla Plácido le dedicó un soneto en la ocasión (está en la *Revista de La Habana*, 1853). Mitjans, *Historia de la literatura cubana*, 194 y 202, dice que aquella noche fue «célebre en Cuba, como la del estreno del Trovador, en Madrid, como fe a e un acontecimiento teatral ruidoso nunca visto». Calcagno da breve biografía de él en el *Diccionario biográfico cubano*. De que ya se conocía a Víctor Hugo en Cuba, da testimonio la traducción de Hernani, en verso, publicada en La Habana, 1836, por el venezolano Agustín Zárraga y Heredia, probablemente de familia dominicana. Calcagno, en su *Diccionario*, da noticia de otro Zárraga y Heredia, José Antonio, nacido en Coro (donde había Heredias procedentes de Santo Domingo) y residente en Cuba, donde escribió versos. A esta familia debió de pertenecer la escritora Juana Zárraga de Pilón.

145 El *Diccionario provincial casi razonado de voces cubanas*, de Esteban Pichardo y Tapia (1789-c. 1880), se publicó en La Habana en 1836 y se reimprimió allí, con retoques y adiciones, en 1849, 1862 y 1875. Hace tiempo que se echa de menos una quinta edición: la esperamos del doctor Fernando Ortiz.

Pichardo publicó además una *Miscelánea poética*, La Habana, 1822, reimpresa, con adiciones, en La Habana, 1828, con 303 págs. (se dice que son malos sus versos); *Notas cronológicas sobre la Isla de Cuba*, La Habana, 1822 o 1825; *Itinerario de los caminos principales de la Isla de Cuba*, La Habana, 1828; *Autos acordados, de la Audiencia del Camagüey* (era abogado), La Habana, 1834, reimpresos en 1840; *Geografía de la Isla de Cuba*, La Habana, 1854, la mejor durante mucho tiempo, con un «mapa gigantesco» según Manuel de la Cruz (Literatura cubana, 185); *El fatalista*; novela de costumbres, La Habana, 1865; *Caminos de la isla*, tres vols., La Habana, 1865; *Gran carta geográfica de Cuba*, en que trabajó cuarenta años (la terminó en 1874, con una *Memoria justificativa*). Dejó inédita una obra descriptiva de la naturaleza en Cuba, de la cual se conocen partes, como el artículo «Aves».

Consultar: Además de Calcagno, el juicio del filólogo alemán Rodolfo Lenz en su *Diccionario etimológico de voces chilenas derivadas de lenguas indígenas americanas*, Santiago de Chile, 1905-1910, y los *Juicios críticos sobre el Diccionario provincial de Pichardo*, La Habana, 1876 (incluye uno de Enrique José Varona, publicado antes en el *Diario de la Marina*, de La Habana, 1870).

146 Antonio del Monte y Tejada, si por la edad pertenece a la generación de José Francisco Heredia, por la actividad literaria pertenece al grupo posterior. Hijo de familia muy rica, primo de Domingo del Monte, nació en Santiago de los Caballeros en 1783; estudió en la Universidad de Santo Tomás, donde recibió el grado de bachiller en leyes en 1800. En 1805 se trasladó al Camagüey

Francisco Muñoz del Monte,[147] buen poeta, situado entre las postrimerías del clasicismo académico y los comienzos del romanticismo, ensayista de seria cultura filosófica y literaria.

---

[147] para ejercer de abogado; en 1811, a La Habana, donde su tío Leonardo era ya teniente de gobernador: ejerció con éxito (salvo interrupciones) y fue (1828) decano del cuerpo de abogados. Pensaba visitar su país natal cuando murió, en La Habana, el 19 de noviembre de 1861.
Su *Historia de Santo Domingo* comenzó a publicarse en La Habana en 1853; solo apareció el primer tomo. Se imprimió completa en cuatro vols., Santo Domingo, a costa de la Sociedad (dominicana) de Amigos del País, 1890-1892. Hizo también un *Mapa de Santo Domingo*.
Consultar: *Diccionario enciclopédico hispano-americano*; Calcagno, *Diccionario biográfico cubano*; Utrera, *Universidades*, 9, 522, 533, 539.

Francisco Muñoz del Monte nació en Santiago de los Caballeros en 1800. Se dice que era primo del Domingo del Monte y Aponte y de Antonio del Monte y Tejada; pero en Utrera, *Universidades*, 521 y 537, hallo que el doctor Andrés Muñoz Caballero casó con María de la Altagracia del Monte y Aponte: éstos parecerían ser los padres de Muñoz del Monte; por los apellidos, la madre podría ser hermana de Domingo y prima de Antonio. Pero los apellidos de estas familias se entrecruzaban y repetían.

«Fue mejor jurista que poeta, y dejó fama de notable abogado», dice Menéndez Pelayo. Residente en Cuba, y electo diputado a Cortes en 1836, no pudo ejercer el cargo, porque España decidió a última hora no recibir diputados ultramarinos. En 1848, sospechándosele adicto a la independencia de Cuba, se le obligó a vivir en Madrid. Allí murió en 1864 o 1865 (no en 1868), durante la epidemia de cólera.

En Santiago de Cuba redactaba de 1820 a 1823 *La Minerva*, buena publicación jurídica, política y literaria (Antonio Bachiller y Morales, *Apuntes*, II, 128, y III, 117, dice que es de 1821). En Madrid colaboró en *La Época* (1837), en *La América* y en la *Revista Española de Ambos Mundos* (1858). Sus *Poesías* aparecieron en edición póstuma en Madrid, 1880: solo contiene diecinueve, escritas entre 1837 y 1847; van además en el volumen dos discursos pronunciados en el Liceo de La Habana, uno sobre *La literatura contemporánea* (octubre de 1847) y otro sobre La elocuencia del foro (diciembre de 1847). Su poemita *La mulata*, que se publicó en folleto anónimo, en La Habana, 1845, está reproducido en el tomo II de la colección *Evolución de la cultura cubana*, La Habana, 1928. Su ditirambo *Dios es lo bello absoluto* (1845) se había publicado en el tomo único de *La Biblioteca del Liceo de La Habana*, en 1858.

Figura en la *América poética*, la antología de Juan María Gutiérrez, Valparaíso, 1846 (versos *A la muerte de Heredia*); en las *Flores del Siglo*, de Rafael María de Mendive, La Habana, 1853 (con *El verano en La Habana* y *A la condesa de Cuba en la muerte de su padre*); en la *Antología de poetas hispano-americanos*, de la Academia Española, cuatro vols., Madrid, 1893-1895; en la *Antología poética hispano-americana*, de Calixto Oyuelo cinco vols., Buenos Aires, 1919-1920.

Consultar: *Diccionario enciclopédico hispano-americano* (indica, como Calcagno, que Muñoz del Monte pasó a Cuba a los tres años de edad; si es así, volvió a Santo Domingo, porque en los versos a Heredia lo recuerda «en la orilla del Ozama», en los años de (1819-1822); Calcagno, *Diccionario biográfico cubano* (V., no solo la biografía de Muñoz del Monte, sino la del general español Manuel Lorenzo); Menéndez y Pelayo, *Historia de la poesía hispano-americana*, I, 305-307 (menciona su artículo sobre *El orgullo literario*, que no sé dónde se haya publicado).

Todavía hay que recordar al naturalista y escritor Manuel de Monteverde[148] cuya honda inteligencia y extensa cultura recordó siempre con asombrada admiración el último gran maestro de Cuba, Enrique José Varona.

Fuera de Cuba, los dominicanos tienen función menos importante. En Venezuela figura José María Rojas, economista y periodista que hizo buen papel en los años que siguieron a la independencia y fundó una casa editorial que luego mantuvieron sus hijos: dos de ellos, José María y Arístides, fueron escritores. Rafael María Baralt, el eminente autor de la *Oda a Cristóbal Colón*, de la *Historia de Venezuela*, del *Diccionario de galicismos* y del *Discurso académico en memoria de Donoso Cortés* (su obra maestra, cuya profundidad filosófica la hace muy superior a todas las demás, según Menéndez y Pelayo), era dominicano a medias: lo era por su ascendencia, a lo menos del lado materno, por su educación, en parte recibida en Santo Domingo, y hasta por el cargo de ministro de la República Dominicana en Madrid, que desempeñó muchos años; al morir, legó su biblioteca a la ciudad primada.[149]

---

148 Manuel José de Monteverde y Bello nació el 31 de marzo de 1795; murió en Cuba en 1871 (había llegado en 1822 al Camagüey). Calcagno dice que fue «abogado, literato, poeta, naturalista..., fuerte en ciencias agrícolas» y que tuvo un hijo «notable en los mismos ramos». No sé de qué trata su opúsculo *El ciudadano Manuel Monteverde al público*, Puerto Príncipe, 1823.
Consultar: Calcagno, *Diccionario biográfico cubano*; «Domingo del Monte», artículo sobre el movimiento intelectual del Camagüey, en la revista *El Plantel*; Enrique José Varona, *Ojeada sobre el movimiento intelectual en América*, réplica a Ramón López de Ayala, La Habana, 1878, reproducido en *Estudios literarios y filosóficos*, La Habana, 1883, carta a Federico Henríquez y Carvajal, en la revista *El Fígaro*, de La Habana, e. 1918, y «Mi galería», en la revista *El Fígaro*, de La Habana, 31 de julio de 1921.

149 A esta época pertenecen los escritores de origen dominicano Manuel Garay Heredia, José Miguel Angulo Heredia, poetas medianos, José Miguel Angulo Guridi, jurisconsulto y escritor.
Garay, nacido en Santo Domingo, murió joven en viaje hacia España; hay versos suyos, según Calcagno, en *La Aurora*, de Matanzas, 1830, en el *Aguinaldo Matancero* y en el *Aguinaldo Habanero*, 1837.
Angulo Heredia, poeta y abogado, publicó versos en el órgano del Liceo de Matanzas (ciudad medio dominicana entonces en su vida de cultura, como Santiago de Cuba y Camagüey) y en el *Aguinaldo Matancero*; el padre Utrera, *Universidades*, 548 y 558, indica que nació en La Habana, 1807, y no en Santo Domingo, como dice Calcagno; pero si cursó en la Universidad de Santo Tomás; murió en Matanzas, 1879. Primo carnal del cantor del Niágara. Su hermano Antonio, nacido en Santo Domingo en 1800, estudiante de leyes allí en 1818, era homónimo del Antonio Angulo y Heredia, cubano, 1837-1875, escritor de amplia cultura, que fue discípulo de Luz Caballero y pronunció en el Ateneo de Madrid una comentada conferencia sobre Goethe y Schiller (1863), después de haber estudiado en Berlín. Este Angulo Heredia era hijo de José Miguel Angulo Guridi, el cual había nacido en Matanzas, según Calcagno: no indica qué parentesco tenía con Javier y Alejandro Angulo Guridi, nacidos en Santo Domingo y largo tiempo residentes en Cuba.

150
151
152

150 En Santo Domingo nació, en 1822, Manuel Fernández de Castro y Pichardo, matemático y pedagogo, catedrático de la Universidad de La Habana: I. Calcagno.
151 Descendientes de dominicanos que florecen en Cuba: Manuel del Monte y Cuevas (1810-1857), hijo de Antonio del Monte y Tejada, nacido en Santiago de Cuba, que escribió sobre cuestiones jurídicas; Jesús del Monte y Mena (1824-1877), nacido en Santiago de Cuba, matemático, poeta y comediógrafo, auxiliar de José de la Luz y Caballero en su colegio «El Salvador»; Domingo del Monte y Portillo, que nació en Matanzas (o en Santo Domingo, según el bibliógrafo cubano Domingo Figarola Caneda) y murió allí en 1883, novelista, comediógrafo, poeta y economista; su hermano Casimiro del Monte, nacido en 1838, poeta, dramaturgo y novelista: los dos estuvieron en Santo Domingo durante la Guerra de los Diez Años de Cuba (1868-1878), y se les recuerda, más que por los versos que Domingo escribió allí (muy celebrados, según el *Diccionario enciclopédico hispano-americano*), por *El Laborante*, periódico dedicado a la independencia cubana, que dirigió Domingo en 1870, y por la participación que tuvo Casimiro en las actividades de la ilustre Sociedad Dominicana de Amigos del País; Ricardo del Monte (1830-1909), poeta de forma pulcra, crítico literario y periodista político una de las figuras salientes de su época en Cuba; Natividad Garay, poetisa nacida en Santiago de Cuba, según Calcagno, o en Santo Domingo, según Alejandro Angulo Guridi (*Discurso en la inauguración del Colegio de San Buenaventura*, Santo Domingo, 1852), y residente en Matanzas, donde colaboraba en el Liceo (en 1850 escribió *Canto a los dominicanos después de la batalla de Las Carreras*, ganada contra los haitianos en 1849); Wenceslao de Villaurrutia (1790-1862), hijo de Jacobo, nacido en Alcalá de Henares, que residió en Cuba desde 1816, favoreció allí planes de progreso tales como la introducción del ferrocarril y escribió, entre otras cosas, el discurso *Lo que es La Habana y lo que puede ser*; Jacobo de Villaurrutia, hijo de Wenceslao, nacido en La Habana, traductor de la *Agricultura* de Evans; Juan de Dios Tejada (e. 1865-c. 1910), cubano, ingeniero inventor, escritor en español y en inglés: residió breves años (1889-1893) en Santo Domingo y casó con dama dominicana, Altagracia Frier y Troncoso (V. extenso artículo de Alfredo Martín Morales, en la revista *El Fígaro* de La Habana, 1904 o 1905); Temístocles Ravelo, nacido en Santo Domingo, autor de un *Diccionario biográfico dominicano* del cual se han publicado muestras en periódicos; el banilejo Nicolás Heredia (e. 1849-1901), crítico y novelista, uno de los mejores que tuvo Cuba en el siglo XIX; el gran escritor Manuel Márquez Sterling (m. 1934).
    La descendencia literaria de estas familias se va extinguiendo en Cuba. Únicas excepciones que recuerdo: el poeta villaclareño Manuel Serafín Pichardo, director durante muchos años, con Ramón A. Catalá, de la conocida revista habanera *El Fígaro*; el poeta camagüeyano Felipe Pichardo Moya. En Francia, la descendencia literaria de los Heredia se perpetúa en la hija del poeta de *Les trophées*, Mme. Henri de Régnier (Gérard d'Jouville).
152 José María Rojas (1793-1855) era de Santiago de los Caballeros. Fue en Caracas redactor de *El Liberal* (1841-1848) y de *El Economista*; publicó en 1928 un *Proyecto sobre circulación fiduciaria*. Dos veces diputado. Promovió en 1842 la erección del monumento a Bolívar. Su esposa, Dolores Espaillat, santiaguera también, era de la familia que produjo al austero patriota y escritor dominicano Ulises Francisco Espaillat. Emigraron a Caracas en 1822 y allí nacieron sus hijos: José María, Marqués de Rojas (1828-e. 1908), conocido como político, economista, historiador y antologista de la voluminosa y útil *Biblioteca de escritores venezolanos* (París, 1875); Arístides (1826-1894), mucho mejor escritor, uno de los más fecundos en la literatura venezolana, buen ensayista, costumbrista e investigador de historia, arqueología y lingüística de la América del Sur. Hay biografía del padre en el *Diccionario enciclopédico hispano-americano*.

153
154

Las relaciones de cultura de Santo Domingo con Venezuela, como con Cuba, son constantes. No solo los dominicanos han ido con frecuencia a venezuela: allí se refugiaron Núñez de Cáceres y Duarte; hay parientes del uno y del otro en la vida política y cultural de aquel país. Los hombres de letras venezolanos, como los cubanos, durante el siglo XIX visitaron la isla de Santo Domingo con frecuencia o residieron en ella (el destierro fue a veces la causa): recuerdo, además de Baralt (1810-1860), que pasó allí sus primeros once años, a Juan José lilas, Jacinto Regino Pachano, León, Lameda, Manuel María Bermúdez Avila, Santiago Ponce de León, Eduardo Scalan, Carlos T. Irwin, Juan Antonio Pérez Bonalde, Juan Pablo Rojas, Paúl, Andrés Mata, Rufino Blanco Fombona.

153 Las relaciones entre Santo Domingo y Puerto Rico son igualmente constantes. De familia dominicana, en parte, son el gran pensador Eugenio María de Hostos (1839-1903), que dio a Santo Domingo mucho de sus mejores esfuerzos, y la poetisa Lola Rodríguez de Tió.

154 A la época de la emigración pertenece el pintor francés Théodore Chassériau (1819-1856), cuya rehabilitación definitiva, que lo consagra como una de las grandes figuras en el arte del siglo XIX, se cumplió con la ruidosa exposición de sus obras celebrada en París el año de 1932. Chassériau nació en Samaná bajo el último periodo de gobierno español en Santo Domingo «la España boba»; el padre era francés, la madre criolla, como se revela en los autorretratos del pintor y el precioso retrato de sus hermanas.

X. El fin de la colonia

Mientras los emigrados y sus hijos florecían en tierras hermanas, se mantenía en Santo Domingo una desesperada lucha para salvar la tradición y la cultura hispánica. El aciago período que se inicia con el Tratado de Basilea en 1795; termina en 1808 con la reincorporación a España; pero, trastornada la metrópoli con la invasión napoleónica, apenas puede conceder atención a la colonia infeliz. El nuevo régimen recibió de los dominicanos el nombre popular de la España Boba.

La Universidad de Santo Tomás, cerrada durante los trastornos de comienzos del siglo XIX, se reorganiza en 1815 y dura ocho años. El primer arzobispo de la Sede Primada que fue nativo de Santo Domingo (las normas políticas de España habían cambiado), Pedro Valera y Jiménez[155] se había anticipado, estableciendo en su palacio cátedras de filosofía y de literatura; se dice que favoreció la restauración de la Universidad, a pesar del carácter laico que la institución tuvo ahora; reorganizó el Seminario Conciliar, de nueva vida efímera, como la Universidad.

La imprenta, después de la Constitución de Cádiz, funcionaba libremente y hasta con exceso, según la voz de la época. Pero los ánimos no estaban para obras literarias: el libro más importante que llegó a imprimirse allí fue probablemente el *Tratado de Lógica* (1814) de Andrés López de Medrano,[156] natural de Santiago de los Caballeros.

---

155 El arzobispo Valera nació en Santo Domingo en 1757; estudió en la Universidad de Santo Tomás; después de ser cura en la Catedral, emigró a La Habana durante la dominación francesa de Santo Domingo; regresó al país durante el gobierno de «la España boba» y se le designó arzobispo (consta que estaba electo desde 1812, por lo menos); cuando los haitianos invadieron a Santo Domingo en 1822, fue molestado por ellos, y al fin se trasladó a La Habana (1830), donde murió el 19 de marzo de 1833, en la epidemia de cólera (la epidemia que, al extenderse a México, hizo víctima también a Jacobo de Vilaurrutia).
Consultar: José Gabriel García, biografía de Valera en *Rasgos biográficos de dominicanos célebres*, Santo Domingo, 1875; Utrera, *Universidades*, 399, 440, 443, 521 y 566; Nouel, *Historia eclesiástica de la Arquidiócesis de Santo Domingo*, tomo II, Tejera, *Literatura dominicana*, 24-33; fray Remigio Cernadas, *Oración fúnebre*, La Habana, 1833; Manuel González Regalado. *Elogio fúnebre* (infra, nota 8).

156 Andrés López de Medrano ¿sería pariente de los Del Monte y Medrano? Eran todos de Santiago de los Caballeros, como él. Fue rector de la Universidad de Santo Tomás en 1821. Su *Tratado de Lógica* se ha perdido.
Pero en Puerto Rico, adonde pasó a residir, se conservan sus *Apodícticos de regocijo* y sus *Proloquios o Congratulación a los puertorriqueños*, en elogio del futuro Conde de Torrepando, el *Soneto en honor del obispo peruano Gutiérrez de Cos* (1830) y una canción, con coro, en honor

Hombres principales de la época, que participaban en la vida intelectual: el arzobispo Valera, su colaborador el doctor Tomás de Portes e Infante,[157] que sería luego el segundo arzobispo dominicano de la Sede Primada; Juan Sánchez Ramírez,[158] jefe del movimiento de reincorporación en 1808; Francisco Javier Caro, comisario regio, en 1810, representante de Santo Domingo en la Junta de Sevilla; en las Cortes, luego y, finalmente, ministro del Supremo Consejo de Indias y albacea testamentario de Fernando VII; José Joaquín del Monte Maldonado,[159] fiscal de la Hacienda Pública; los sacerdotes José Gabriel Aybar,[160] deán de la Catedral, Elías Rodríguez,[161]

---

del gobernador Latorre (1831). Se conserva su *Manifiesto sobre las elecciones de junio de 1820*, impreso en Santo Domingo en ocho folios.
Consultar: Utrera, *Universidades*, 522 y 539; Juan Augusto Perea y Salvador Perea, Horacio en Puerto Rico, en la revista *Índice*, de San Juan de Puerto Rico, noviembre de 1930, II, pág. 317.

157 El arzobispo Portes nació en Santiago de los Caballeros el 11 de diciembre de 1777, según Apolinar Tejera (pero, según el padre Utrera, en 1783); era pariente del obispo Morell de Santa Cruz y lejanamente, según parece, de los Heredia; estudió en la Universidad de Santo Domingo, en la de Caracas y en la de La Habana, donde recibió el grado de doctor; regresó a Santo Domingo bajo «la España boba» y fue racionero de la Catedral. Después de creada la República Dominicana (1844) fue electo arzobispo (1848). Murió el 7 de abril de 1858. Restableció, siendo arzobispo, el Seminario Conciliar.
Consultar: Utrera, *Universidades*, 526 y 540; Nouel, *Historia eclesiástica de la Arquidiócesis de Santo Domingo*, tomo II; Tejera, *Literatura dominicana*, 85.

158 Juan Sánchez Ramírez escribió el *Diario de su campaña de la reincorporación a España, 1808-1809*: lo incluye Del Monte y Tejada en su *Historia de Santo Domingo*.
Consultar: José Gabriel García, biografía en *Rasgos biográficos de dominicanos célebres*.

159 El licenciado José Joaquín del Monte Maldonado nació en Santo Domingo en 1772; su padre, Antonio del Monte y Heredia, era pariente cercano de los Heredia. Fue abogado; fiscal de la Real Hacienda bajo «la España boba». En 1820, aplicando los nuevos principios constitucionales de España, cerró los conventos; los edificios, vacíos durante la ocupación haitiana (1822-1844), se arruinaron.
Consultar: Utrera, *Universidades*, 497, 520, 545, 547.

160 El doctor José Gabriel de Aybar fue deán de la Catedral muchos años, vicario general de la isla y rector de la Universidad en 1816-1817; murió en 1827.

161 El doctor Elías Rodríguez —cuyo segundo apellido, según el padre Utrera, era Ortiz, y no Valverde, como lo da José Gabriel García—, estudió en la Universidad de Santo Tomás durante su último periodo y se graduó de maestro en artes; no sé dónde se doctoró. Desde 1848, auxiliar del arzobispo Portes y rector del Seminario Conciliar; obispo auxiliar de Santo Domingo en 1856 y titular de *Flaviopolis in partibus infidelium*; murió en noviembre de 1856.
Consultar: Nouel, *Historia eclesiástica de la Arquidiócesis de Santo Domingo*. Utrera, *Universidades*, 526, 556.

Manuel González Regalado[162] y Bernardo Correa Cidrón;[163] el doctor José María Morillas,[164] el doctor José Núñez de Cáceres,[165] cuya inquieta personalidad sirvió de centro a las nuevas aspiraciones del país.

[162] El doctor Manuel González Regalado y Muñoz (1793-1867) fue catedrático de latín en la Universidad de Santo Tomás. Durante cerca de cincuenta años (desde 1820) fue cura de Puerto Plata. Allí pronunció en 1833 la *Oración fúnebre en honor del arzobispo Valera*, que se imprimió en Santo Domingo en 1846.
Consultar: Tejera, *Literatura dominicana*, 24; Utrera, *Universidades*, 545, 547 y 555.

[163] El presbítero doctor Bernardo Correa y Cidrón nació en la villa de San Carlos de Tenerife, hoy barrio de la ciudad de Santo Domingo, en 1756. Estudió en las dos Universidades, y en la de Santo Tomás recibió sus grados; fue su último rector en 1822-1823. Antes la había regido en 1819-1820. A fines del siglo XVIII había sido vicerrector del efímero Colegio de San Fernando. Como en 1807 había ocupado cargos bajo la administración francesa, en 1809 se trasladó a Francia y de allí pasó a España, donde el gobierno napoleónico lo nombró canónigo de Málaga; los españoles, después, lo encarcelaron y destituyeron. Regresó a Santo Domingo, y en 1820 aspiró a ser diputado a Cortes: su competidor, el doctor Manuel Márquez Joyel, maestrescuela de la Catedral, publicó un folleto en que le dirigía fuertes censuras, y él contestó con otro: *Vindicación de la ciudadanía y apología de la conducta política del doctor don Bernardo Correa y Cidrón*, Santo Domingo, 1820. Durante la ocupación haitiana se trasladó a Cuba y allí murió. Tuvo fama como orador. Muy adicto al arzobispo Valera, escribió una *Apología de su conducta* (en folleto, Santo Domingo, 1821).
Publicó además su *Discurso en la solemne función del juramento de la Constitución de la monarquía española*, prestado por la Nacional y Pontificia Universidad de Santo Tomás de Aquino, Santo Domingo, 1820.
La «Vindicación» se reimprimió en la *Revista Científica*, de Santo Domingo, 1884.
Consultar: José Gabriel García, biografía en *Rasgos biográficos de dominicanos célebres*; Del Monte y Tejada, *Historia de Santo Domingo*; Nouel, *Historia eclesiástica de la Arquidiócesis de Santo Domingo*, tomo II; Tejera, *Literatura dominicana*, 27-31 (menciona cartas de Correa que poseen los señores García Lluberes en Santo Domingo); Utrera, *Universidades*, 497, 498, 545 y 547.

[164] El doctor José María Morillas o Morilla nació en Santo Domingo en 1803; estudió en la Universidad (V. Utrera, *Universidades*, 553); muy joven se trasladó a Cuba, y en La Habana se hizo abogado y fue catedrático de la Universidad.
Dejó unas *Noticias* sobre últimos años que pasó en Santo Domingo: las inserta Del Monte en su *Historia de Santo Domingo*. En La Habana publicó en 1847, *Breve tratado de Derecho Administrativo español, general del reino y especial de la Isla de Cuba*; se reimprimió corregido en 1865. Volvió a Santo Domingo en 1861, con motivo de la reanexión a España y tradujo y adaptó el Código Civil francés, que regía en Santo Domingo sin haberse vertido al español.

[165] Está reconstituyéndose ahora la discutida figura de José Núñez de Cáceres, autor de la primera independencia de Santo Domingo: el fracaso de este intento ¿se debió a la precipitación con que se realizó, sin elementos para defenderse de la segura amenaza de la República de Haití, o la indiferencia de la Gran Colombia, y aun más directamente de Bolívar, después de haber estimulado el movimiento inicial? Eso es lo que sostiene Núñez de Cáceres (V. su carta a Carlos Soublette en agosto de 1822); eso, el motivo de su ira contra Bolívar.
Núñez de Cáceres había nacido en Santo Domino el 14 de marzo de 1772: sus padres, Francisco Núñez de Cáceres y María Albor. Casó con Juana de Mata Madrigal Cordero, dominicana; de este matrimonio nacieron tres hijos: Pedro (1800), «catedrático en artes» de la Universidad de Santo Tomás (1822); José (nacido en el Camagüey, 1802), senador en México (1834), y Jerónimo. El padre había hecho sus estudios en la Universidad dominicana y se graduó de doctor en leyes. Trasladada la Audiencia de Santo Domingo al Camagüey, él se trasladó allí: según Manuel de

En 1821 salen los primeros periódicos: el *Telégrafo Constitucional de Santo Domingo*, en cuyo título se mezclan ilusiones de progreso e ideales de derecho; lo dirige el doctor Antonio María Pineda, canario, catedrático de medicina en la Universidad; dura pocos meses. Núñez de Cáceres publicó antes *El Duende*, uno de esos periódicos satíricos, típicos de la era constitu-

---

la Cruz (Literatura cubana, Madrid, 1924, págs. 156-157), fue regente de la Audiencia y ejerció «honda influencia» en la educación del escritor y revolucionario cubano Gaspar Betancourt Cisneros, El Lugareño (1803-1866). Regresó a Santo Domingo, después de la reincorporación a España.

Ocupó altos puestos: auditor de guerra, asesor general, teniente de gobernador, oidor honorario (V. las *Memorias* de José Cruz Limardo, a quien se hace referencia luego). Primer rector de la Universidad restaurada, 1815-1816. En 1821 proclama la independencia de Santo Domingo. Después de la invasión haitiana (1822), emigra a Venezuela (1823), donde intervino en política y fue al fin expulsado (¿1828?): se señaló como liberal en doctrina política y «libre pensador» en filosofía. Pasó a México: vivió en Tamaulipas, donde su actuación pública mereció que el Congreso local lo declarara en 1833 benemérito del Estado y que a su muerte, en 1846, se grabara su nombre en letras de oro en el recinto legislativo y pronunciara allí su elogio el doctor Luis Simón de Portes, dominicano (probablemente el que aparece como estudiante universitario en Santo Domingo en 1817, según y novelista (V. Felipe Tejera, *Perfiles venezolanos*, y José E. Machado, *El día histórico*, Caracas, 1929). El padre Utrera, *Universidades*, 551: había nacido en Santiago de los Caballeros en 1795.

Núñez de Cáceres fue escritor activísimo. Su oda *A los vencedores de Palo Hincado* (la batalla principal de la reincorporación), escrita en 1809, fue publicada en folleto, Santo Domingo, 1820 (hay ejemplar en el Museo Nacional de Santo Domingo). Redactó El Duende, en 1821, donde publicó fábulas como *El relámpago*; en Caracas, *El Cometa*, 1824 (al cual se opuso *El Astrónomo*, redactado por el doctor Cristóbal Mendoza, antiguo alumno de la Universidad de Santo Tomás), *El Constitucional Caraqueño* (1824-1825) y *El Cometa Extraordinario* (consta que aparecía en 1827). Se conservan manuscritas sus *Memorias sobre Venezuela y Caracas*: Manuel Segundo Sánchez, *Bibliografía venezolanista*, págs. 250-251.

Nieto suyo fue José María Núñez de Cáceres, fecundo poeta venezolano, autor de los cien sonetos a Petrona (*Los nuevos Petrarca y Laura*, Caracas, 1874; además, *Miscelánea poética*, Caracas, 1882), orador, historiador. Consultar: José Gabriel García, *Compendio de la historia de Santo Domingo*, tercera edición, en tres vols., Santo Domingo, 1893-1900 (V. el tomo II).

En la revista *Clio*, órgano de la Academia Dominicana de la Historia, desde su primer año (1933) vienen publicándose trabajos y documentos relativos a Núñez de Cáceres: interesan especialmente (1933, I, 101-103) su carta a Carlos Soublette, vicepresidente de la Gran Colombia, fecha en Santo Domingo el 6 de agosto de 1822 (se había publicado en la revista *Cultura Venezolana*, de Caracas, 1922, n.º 42, págs. 87-93); el artículo del doctor don Federico Henríquez y Carvajal sobre el acta de nacimiento de 1772, rechazando la del homónimo de 1768 (1934, II, 75-76); los documentos encontrados en México por don Rafael Matos Díaz (1934, II, 131-132 y 180-181).

En la revista *Analectas*, de Santo Domingo, 1934, hay también materiales relativos a Núñez de Cáceres: trabajos de don Emilio Rodríguez Demorizi, extractos de obras de los venezolanos Andrés Level de Goda y Juan Vicente González, el gran prosador católico. Don Eduardo Matos Díaz publica la fábula *El camello y el dromedario* (1 de junio de 1934).

Finalmente: Emilio Rodríguez Demorizi, *La familia Núñez de Cáceres*, «Apuntes genealógicos», en el diario *La Opinión*, de Santo Domingo, 23 de julio de 1934.

cional española en América. Quizá el primero de todos fue *La Miscelánea*.[166]
[167] [168]

---

[166] El gobernador de Santo Domingo, durante los años de 1812 a 1816, fue el militar habanero Carlos de Urrutia y Matos (1750-1825); V. en las notas finales de este trabajo, la indicación del diálogo satírico sobre su gobierno. Antes había sido gobernador intendente de Veracruz y escribió, en colaboración con el granadino Fabián Fonseca (m. 1813) y con auxilio de Joaquín Maniau Torquemada y José Ignacio Sierra, la *Historia general de la Real Hacienda de México*, publicada en seis vols., México, 1845. Después se le nombró capitán general y presidente de la Audiencia de Guatemala, donde lo encontró la declaración de independencia (septiembre de 1821) y estuvo preso; logró al fin volver a La Habana, donde pasó sus últimos días.

[167] Sobre los primeros periódicos, consultar: Manuel A. Amiama, *El periodismo en la República Dominicana*, Santo Domingo, 1933, págs. 11-15 (sobre *El Telégrafo Constitucional*) y Leonidas García Lluberes, Los primeros impresos y el primer periódico de Santo Domingo, en el *Listín Diario*, de Santo Domingo, 28 de agosto de 1933: cita el artículo de Castulo —Nicolás Ureña de Mendoza— sobre la *Historia de «El Duende»*, publicado en el periódico *El Progreso*, de Santo Domingo, julio de 1853.

[168] En los fragmentos que don Emilio Rodríguez Demorizi publicó en *Analectas*, de Santo Domingo, 24 de marzo de 1934, de las *Memorias del venezolano José Cruz Limardo*, escritas en Venezuela en 1841, hay referencias a diversos personajes dominicanos durante la época de 1815 a 1822, que él pasó en Santo Domingo: Núñez de Cáceres; Andrés López de Medrano, el doctor Aybar, el doctor Correa, el padre Tomás de Portes, José María Rojas, Luis Simón de Portes, Manuel de Monteverde, Antonio María Pineda, el doctor José María Caminero, cubano (1782-1852), que casó con una prima del poeta Heredia y fue ministro de gobierno en la República Dominicana, y el padre Pablo Amézquita, que había residido en Valencia de Venezuela de 1810 a 1815: después fue cura del Santo Cerro, cerca de La Vega, y escribió una memoria sobre la cruz plantada allí por Colón (V. Tejera, *Literatura dominicana*, 58-59).

XI. Independencia, cautiverio y resurgimiento

De 1808 a 1825 toda la América continental se levantaba contra España. Cuando la independencia se había consumado o estaba próximo a consumarse definitivamente, desde México hasta la Argentina, José Núñez de Cáceres proclamó la separación de Santo Domingo.

España no hizo esfuerzos para reconquistar la improductiva colonia. La embrionaria nación comenzó su vida propia aspirando a formar parte de la federación organizada por Bolívar, la Gran Colombia, el primer día de diciembre de 1821.

Pocas semanas después, en febrero de 1822, los haitianos, constituidos en nación desde 1804, con población muy numerosa, invadieron el país. Huyó todo el que pudo hacia tierras extrañas; se cerró definitivamente la universidad; palacios y conventos, abandonados, quedaron pronto en ruinas... Todo hacía pensar que la civilización española había muerto en la isla predilecta del Descubridor.

Pero no. Aquel pueblo no había muerto. Entre los que quedaron sobrevivió el espíritu tenaz de la familia hispánica. Los dominicanos jamás se mezclaron con los invasores. La desmedrada sociedad de lengua castellana se reunía, apartada y silenciosa, en aquel cautiverio babilónico, como decía la bachillera y bondadosa doña Ana de Osorio. Se leía, aunque no fuese más que el *Parnaso español* de Sedano; no faltaba quien poseyera hasta el *Cantar de Mío Cid*, en las *Poesías anteriores al siglo XV* coleccionadas por Tomás Antonio Sánchez. Se escribía, y para cada solemnidad religiosa la ciudad capital se llenaba de versos impresos en hojas sueltas. Se hacían representaciones dramáticas, prefiriendo las obras cuyo asunto hiciera pensar en la suerte de la patria.[169]

---

169 Durante la primera mitad del siglo XIX se multiplica en Santo Domingo la poesía vulgar. Ya de fines del siglo XVIII tenemos como muestras los *Lamentos de la Isla Española de Santo Domingo*, en ovillejos, con motivo del Tratado de Basilea (V. en el apéndice de la *Reseña histórico-crítica de la poesía en Santo Domingo*, escrita por César Nicolás Penson a nombre de la comisión encargada de formar la *Antología dominicana*, Santo Domingo, 1892) y la copla sobre el supuesto traslado de los restos de Colón a La Habana en 1796:

Llorar, corazón, llorar.
Los restos del gran Colón
los sacan en procesión
y los llevan a embarcar.

2. De entonces es «el Meso Mónica», ingenioso improvisador popular, de quien recogió muchos versos la *Revista Científica, Literaria y de Conocimientos Útiles*, de Santo Domingo, entre 1883 y 1885; la *Reseña histórico-crítica de la poesía en Santo Domingo* reprodujo parte de ellos. No todos son realmente suyos: hay coplas que se atribuyen a improvisadores de otros países —por ejemplo, a José Vasconcelos, del siglo XVIII, sobre quien escribió Nicolás León su libro *El negrito poeta mexicano*, México, 1912 (Manuel Mónica también era negro)—. Pobre repetición del Meso Mónica era, en la época haitiana, Utiano (Justiniano), pordiosero y loco.

3. Probablemente son del siglo XVIII unos versos satíricos que recogió la *Revista Científica* y que comienzan:

Es el mundo un loco tal
en su continuo vaivén
que a unos les parece bien
lo que a otros parece mal.

Había en ellos una alusión literaria;

... y el poeta más novicio
murmura de Calderón.

El gusto predominante debía de ser aún el culterano (en México, el culteranismo persiste en muchos poetas, de los mejores —como Velázquez de Cárdenas y León, José Agustín de Castro, Juan de Dios Uribe—, hasta los primeros años del siglo XIX, aunque ya había penetrado el clasicismo académico de tipo francés). No sé si son versos dominicanos, pero al menos se repetían mucho en Santo Domingo (los que dicen): cuando Calderón lo dijo, estudiado lo tendría...

Todavía en 1848, la distinguida anciana doña Ana de Osorio, al felicitar al poeta Nicolás Ureña de Mendoza en el nacimiento de su primogénita, le decía:

A Moreto y Calderón
quisiera hoy imitar...

Calderón y Moreto debían de ser los autores cuyas comedias representaban de preferencia los aficionados al teatro en el siglo XVIII

4. Probablemente es del siglo XVIII un santoral que repetían las ancianas beatas, en malos versos como éstos:

Cuenta a primero de mayo
con San Felipe y Santiago...

5. Del siglo XIX, de la época de «la España boba», una *Ensaladilla satírica*, igualmente mal versificada, que recoge la *Reseña* («Líbranse todas las bocas...»). La *Reseña* cita además un diálogo sobre el gobierno de Carlos de Urrutia y Matos (1812-1816).

6. En lugar de la escasez que suponía Menéndez y Pelayo (*Historia de la poesía hispano-americana*, 1, 308), había abundancia de versos, hasta durante el período de la dominación haitiana (1822-1844). Doña Gregoria Díaz de Ureña (1819-1914) daba testimonio de aquella abundancia, recitando centenares de versos de religión, de amor o de patriotismo, o bien solo de amistad, o de ocasión, sobre asuntos locales: de estos versos hay copias en el Museo Nacional de Santo Domingo. Entre los versificadores y escritores pueden recordarse, además de doña Ana de

En torno a los hombres de pensamiento se forjaba la nueva nacionalidad. Uno de ellos, el padre Gaspar Hernández, a quien por su origen se le llamaba el limeño, señalaba como ideal futuro el retorno a la tutela de España. Otros, dominicanos, aspiraban a reconstituir la nacionalidad independiente. Mientras el padre Hernández dedicaba cuatro horas diarias a enseñar a los jóvenes, gratuitamente, filosofía y otras disciplinas, Juan Pablo Duarte, joven dominicano de familia rica, educado en España, hogar de su padre,

---

Osorio, doña Manuela Rodríguez, llamada también Manuela Aybar, o La Deana, como sobrina del deán José Gabriel de Aybar; el ciego Manuel Fernández, popularísimo autor de décimas de barrio para fiestas religiosas; Manuel Rodríguez; Juan de Dios Cruzado; Marcos Cabral y Aybar; el profesor francés Napoleón Guy Chevremont D'Albigny (la *Reseña* dice erróneamente Darvigny), de quien se mencionan dos elegías, una, *Gregorienne*, a la memoria del abad Henri Grégoire, y otra en memoria de una hermana del padre Elías Rodríguez (la *Reseña*, además, transcribe la traducción francesa de un soneto elegíaco de Manuel Joaquín del Monte); el capitán Juan José Illas, venezolano, que participó en el movimiento de independencia de 1844 y escribió una enorme y lamentable *Elegía al terremoto de 1842*, impresa en Santo Domingo hacia 1880 (sobre Illas, a quien Santana desterró junto con Sánchez, Mella y Pina en agosto de 1844, I. Tejera, *Literatura dominicana*, 40-41); el padre Gaspar Hernández (1798-1860), sobre quien puede consultarse el «Informe de don Cayetano Armando Rodríguez y documentos anexos», en la revista *Clío*, 1933, I, 15-17; Manuel Joaquín del Monte, hijo de José Joaquín del Monte Maldonado, nacido probablemente en Puerto Rico hacia 1803 (V. Utrera, *Universidades*, 550, 553 y 556); ocupó altos cargos en Santo Domingo y murió después de 1874. De sus versos (los escribía en español y en francés) se mencionan en la *Reseña* el soneto al terremoto de 1842 y el elegíaco que tradujo al francés Chevremont D'Albigny; se sabe también que escribió una canción patriótica contra los haitianos en 1825 (V. Max Henríquez Ureña, *Memoria de Relaciones Exteriores correspondiente a 1932*, Santo Domingo, 1933: biografía de Del Monte, págs. 49-50) y unas décimas en una polémica con el padre Gaspar Hernández (las cita José Gabriel García en su *Compendio de la historia de Santo Domingo*); Felipe Dávila Fernández de Castro, poeta discreto y de buena cultura, que viajó por Europa y fue en Santo Domingo el orientador de la Sociedad de Amantes de las Letras a partir de 1855 (como Del Monte, había nacido en Puerto Rico durante la emigración, en 1803, pero de padres dominicanos que regresaron a su país, y murió hacia 1880); V. Max Henríquez Ureña, *Memoria de Relaciones Exteriores, biografía de Dávila Fernández de Castro*, pág. 59, donde hay probablemente error respecto del nombre de la madre del poeta, que no debía de ser doña María Guridi Leos y Echalas, emparentada con los Heredia, sino doña Anastasia Real, que en España fue dama de una de las reinas; V. Utrera, *Universidades*, 549 y 559; Juan Nepomuceno Tejera y Tejeda (1803-1883), redactor de la hoja volante, de intención política, *El Grillo Dominicano*, durante la ocupación haitiana y después de la nueva independencia: era impresa y no manuscrita, o quizá comenzó manuscrita y después se llegó a imprimir (Tejera, padre de los grandes investigadores dominicanos Emiliano y Apolinar, nació en Puerto Rico como Del Monte y Dávila Fernández de Castro, pero siempre se consideró dominicano: su biografía en Max Henríquez Ureña, *Memoria de Relaciones Exteriores*, págs. 53-54); Manuel María Valencia (1810-1870), a quien se considerará, en los comienzos de la República Dominicana, el poeta representativo: muy pobre en dones poéticos, pero tiene de curioso el traer las primeras notas del romanticismo. Los cuatro últimos fueron todavía alumnos, adolescentes o niños, de la Universidad de Santo Tomás (V. Utrera, *Universidades*, 549-559, 561 y 567); son los últimos representantes de la cultura colonial.

hacía venir de la antigua metrópoli libros recientes y enseñaba a sus amigos filosofía, letras, matemáticas y hasta manejo de armas. Duarte fundó, el 16 de julio de 1838, la sociedad secreta La Trinitaria. De la Trinitaria surgió la República Dominicana.

Libros a la carta

A la carta es un servicio especializado para
   empresas,
   librerías,
   bibliotecas,
   editoriales
   y centros de enseñanza;
   y permite confeccionar libros que, por su formato y concepción, sirven a los propósitos más específicos de estas instituciones.

Las empresas nos encargan ediciones personalizadas para marketing editorial o para regalos institucionales. Y los interesados solicitan, a título personal, ediciones antiguas, o no disponibles en el mercado; y las acompañan con notas y comentarios críticos.

Las ediciones tienen como apoyo un libro de estilo con todo tipo de referencias sobre los criterios de tratamiento tipográfico aplicados a nuestros libros que puede ser consultado en Linkgua-digital.com.

Linkgua edita por encargo diferentes versiones de una misma obra con distintos tratamientos ortotipográficos (actualizaciones de carácter divulgativo de un clásico, o versiones estrictamente fieles a la edición original de referencia).

Este servicio de ediciones a la carta le permitirá, si usted se dedica a la enseñanza, tener una forma de hacer pública su interpretación de un texto y, sobre una versión digitalizada «base», usted podrá introducir interpretaciones del texto fuente. Es un tópico que los profesores denuncien en clase los desmanes de una edición, o vayan comentando errores de interpretación de un texto y esta es una solución útil a esa necesidad del mundo académico.

Asimismo publicamos de manera sistemática, en un mismo catálogo, tesis doctorales y actas de congresos académicos, que son distribuidas a través de nuestra Web.

El servicio de «libros a la carta» funciona de dos formas.

1. Tenemos un fondo de libros digitalizados que usted puede personalizar en tiradas de al menos cinco ejemplares. Estas personalizaciones pueden ser de todo tipo: añadir notas de clase para uso de un grupo de estudiantes,

introducir logos corporativos para uso con fines de marketing empresarial, etc. etc.

2. Buscamos libros descatalogados de otras editoriales y los reeditamos en tiradas cortas a petición de un cliente.

Made in the USA
Middletown, DE
29 April 2025

74928336R00066